# Der var engang....

Forsidebillede: Huset på Bøgebjergvej som det så ud da mor og far købte det i 1942.

# Indholdsfortegnelse:

# Forord

Fortællingen er udarbejdet i 2023-2024 som jeg husker det sket, eller jeg har fået det fortalt, og skulle noget ikke være helt korrekt, vil jeg gerne undskylde på forhånd. Desuden tak til dem der har bidraget med materiale og oplysninger jeg ikke havde.

Der er bag i bogen kopier af en del af det materiale, der understøtter fortællingen og desuden giver et tidsbillede af økonomi og priser gennem årene.

Jeg ønsker god fornøjelse med læsningen.

## Johannes Kornerup Frederiksen

# Min mor.

Mor 1918

Mor blev født i Kragnæs på Ærø den 5. oktober 1917, og
blev døbt Bodil Marie Pedersen. Dåben fandt sted i
Ommel Kirke den 4. november 1917.

Hendes forældre var Kaptajn Kristen Hansen Pedersen
og hustru Ane Marie Petra Sørensen, begge fra Kragnæs
på Ærø og de blev gift i Marstal Kirke den 20. september
1911.

Mor var ene pige i søskendeflokken og havde tre lidt
ældre brødre og en lillebror, der var 15 år yngre.

Hendes forældre købte en landejendom i Skårup på
Sydøstfyn i 1924, da hendes far Kristen var blevet træt af
at sejle som Kaptajn og Skibsfører, og var gået i land
som 44-årig året før.

Kristen var nu ikke den store landmand. Hans far var
træskomager og Kristen kom tidligt ud at sejle allerede

som 11- årig i 1890, men hans kone Ane kendte lidt til landbrug fra barndom og ungdom, så de fandt da ud af det.

Det var trange tider, så både mor og hendes ældre søskende måtte hjælpe til med det hårde arbejde.

Der var kun håndkraft og hestekraft på ejendommen i Skårup og der blev først indlagt strøm i 1933.

Mors skolegang blev i Skårup Øvelsesskole.

Skolen hed øvelsesskolen fordi der dengang var et lærerseminarie i byen, og lærerne skulle jo øve sig under vejledning inden de blev sluppet løs til lærergerningen rundt omkring i landet.

Mor var glad for skolen og tillige lærenem, og lærte sågar en lille smule engelsk allerede dengang.

Selv om mor var boglig begavet, fik hun dog ikke mulighed for at fortsætte i mellemskolen, der dengang var en forudsætning for at komme i gymnasiet.

Dette var der ikke økonomi til hjemme fra gården i Skårup, det var lige i de dårlige 1930'vere, så der var ikke anden mulighed end den almindelige 6-7 klasse og derefter at komme ud og tjene enten i huset eller ved landbruget, hvor der dengang var brug for mange hænder.

På et tidspunkt havnede mor så i Vester Aaby, nærmere bestemt på Kragegaard, hvor mor var meget glad for at tjene.

Da mor var udadvendt, fandt hun i fritiden ret hurtigt også nogle gode veninder, hvoraf nogle holdt livet igennem.

# Min Far.

Far år 1915

Far blev født på Taarnborgvej i Halskov pr. Korsør den 25. november 1913 og blev døbt Poul Kornerup Frederiksen.
Fars forældre var Montør Erik Kornerup Frederiksen, som var fra Skee på Sjælland og hustru Johanne Marie Christine Petersen, fra Vester Aaby på Fyn.
Far havde en 2 år ældre bror som hed Svend.
Fars far og mor lærte hinanden at kende da fars far i en periode fra 1907 til 1908 var ansat på Vester Aaby Maskinfabrik (det senere DAMAS).
Efter fars forældre var blevet viet i Haraldsted kirke den 12. november 1910 bosatte de sig på Taarnborgvej i Hallskov, hvor fars far havde arbejde som rejsemontør på Korsør Maskinfabrik. Da han var på en opgave i Finland i begyndelsen af 1918, blev han syg og døde af

Den Spanske Syge. Det kom selvfølgelig som et chok for den lille familie, for hvad skulle der nu ske og hvordan skulle de nu klare sig, farmor Christine uden arbejde og første verdenskrig var knap endt.

Farmor Christines bror Møllebygger Mads Peter Petersen, bestemte at den lille familie skulle komme hjem til Vester Aaby.

Der var plads i huset til dem og sådan blev det. Svend og far kom senere i Vester Aaby Skole og farmor Christine fik på et tidspunkt arbejde på sodavandsfabrikken i Faaborg.

Farmor Christine lærte på et tidspunkt Marius Ydmer, der bliver hendes nye mand, at kende. De blev gift i 1921 og så flyttede den lille familie til Millinge i eget hus.

Fars skolegang gik godt. Far var en dygtig elev og havde nemt ved at tilegne sig kundskaberne, og da det blev tiden at far fik alderen til at skulle i mellemskole, anbefalede skoleledelsen at han fik denne mulighed, da det var oplagt med en videre uddannelse. Sådan blev det imidlertid ikke, der var ikke penge i familien til det og far måtte så nøjes med den almindelige 6-7 klasse, desværre for ham skulle det senere vise sig.

Far kom efter endt skolegang i lære som møllebygger den 1. maj 1928 hos morbroren Mads Peter Petersen. Far var også dygtig med hænderne og havde en rigtig god læretid. Dengang gik man i teknisk skole om aftenen. Skolen havde lokaler på Vester Aaby Maskinfabrik, og her havde man Dansk, regning, frihåndstegning, geometri, samt projektions- og fagtegning, et fag der interesserede min far, og som han var endog meget dygtig til.

Ved den årlige afslutning fik min far, som skolens dygtigste elev, overrakt et tegnebestik af skolens forstander Lærer Mortensen. Tegnebestikket var skænket af Maskinmester Christensen, Nakkebølle. Far blev udlært møllebygger den 1. maj 1932, og fortsatte derefter en tid hos morbroren i Vester Aaby som møllebyggersvend indtil 1. juni 1933. Fritiden brugte far blandt andet sammen med morbror Peters to sønner Karl Ejner og Kaj.

I 1933-1934 var far på Håndværkerhøjskolen i Haslev på Sjælland, hvor han fik den endog særdeles gode karakter UG i alle fag inclusive faget "Bogføring". Den 1. november 1935 lejede far et værelse på Kålundsvej nr. 7 i Odense. Huslejen var 14 kr. helårligt + lys og varme der beløb sig til 2 kr. for sommerhalvåret og 6 kr. for vinterhalvåret. Far var uden arbejde i denne november måned og fik udbetalt i alt 72 kr. for 24 ledighedsdage. Tænk! 3 kroner om dagen. Godt huslejen ikke var større.

Far søgte ind på Ingeniørstudiet i efteråret 1936, men bestod desværre ikke optagelsesprøven efter det halve års optagelsesundervisning.

Staten understøttede min far med 115 kr. til betaling af undervisning og bøger.

Far arbejdede efter Højskoleopholdet som Møllerimontør på en del af de store Dampmøllerier både herhjemme og fra 1939 på et stort projekt i Ørebro i Sverige. Her arbejdede han for et firma i Sweitz.

Mor 1938.                    Far 1938.

# Mødet i Vester Aaby

Far var af og til på besøg hos møllebyggerfamilien i
Vester Aaby. Far følte sig hjemme der, vel både på
grund af opholdet i den tidlige barndom og derefter de
fire år i lære, hvor han også boede der.
Der var allerede dengang et ret godt foreningsliv i
Vester Aaby, og der afholdtes af og til baller i
forsamlingshuset, hvor mor og far så på et tidspunkt
mødte hinanden.
Til et senere af disse baller fulgte far så mor hjem og på
vej til Kragegaard var mosekonen begyndt at brygge og
"så var det som om det lukkede sig om dem", har far
senere fortalt.
Forelskelsen holdt og i marts 1940 rejste far hjem fra
Sverige for at blive gift med min mor.

Det blev de i Skårup Kirke den 25. marts 1940 og de tog få dage efter til Sverige igen, da far stadig arbejdede på projektet i Ørebro i Sverige.

Der tjente han godt, lønnen for 48 timer var her 90 kr. + penge til kost og logi, der dengang beløb sig til 12 kr. pr. dag. Egentligt et ret stort beløb i forhold til timelønnen på 1,75 kr.

Dette gav sammenlagt en løn/indkomst fratrukket beløb til logi, der var 30-40 % bedre end det han kunne tjene i Danmark på det tidspunkt.

De levede nøjsomt og sparede på den måde på ret kort tid sammen så de havde til udbetalingen til et hus.

Mor og far lige efter brylluppet 25. marts 1940.

Da opgaven i Sverige var afsluttet, kom de hjem til Danmark igen i efteråret 1941 hvor der var en opgave i København. Her boede de på et lille loftsværelse med lille kakkelovn til opvarmning og en servante med kun et vaskefad til at vaske sig ved. Ret kummerligt.

Da denne opgave var afsluttet, tog de helt hjem til Vester Aaby, hvor de lejede en lille lejlighed på Rolighedsvej 8, i Vester Aaby. Det var ganske beskedne forhold, for eksempel var der ikke indlagt elektricitet og huslejen var derfor kun 20 kr. om måneden.

Far fik arbejde på Jens Nielsens Maskinfabrik (senere DAMAS) i Vester Aaby som montør til 72 kr. om ugen.

De fik så efter nogle måneder i Vester Aaby mulighed for at købe hus den 10. oktober 1942 for den nette sum af 10.000 kr., som blev betalt med 4.675 kr. kontant.

Resten var et lån til Faaborg Spare og Laanekasse på 3.275 kr. samt et privat pantebrev til Enkefru Maren Thomsen på 2.050 kr.

Adressen var Sølvbjergvej pr. Pejrup.

Der var et snedkerværksted indrettet i den ene ende af huset og prisen var derfor inclusive 3.000 kr. for tre maskiner, en båndsav, en høvl, en fræser samt en del håndværktøj. Det var nok i maskiner og værktøj de så nogle muligheder, for at skabe sig en bedre tilværelse.

Huset var ikke i super god stand og var desuden med lettere krigsskader fra en bombe der var droppet ved en fejl lidt længere ude af vejen.

Adressen Sølvbjergvej pr. Pejrup, blev senere ændret til Bøgebjergvej pr. Vester Aaby.

Mor havde forskellige jobs, blandt andet med at grave tørv til brændsel, og så holdt hun høns og solgte æg.

Mor dyrkede og solgte også en del tobak, måske var det først efter krigen. Afregningerne jeg har er fra 1947.

Der var mangel på næsten alt, det var jo krig og også mangel på træ, men alligevel begyndte de begge i fritiden i det små at fremstille forskellige ting, blandt andet flueskabe (et skab der var med fintmasket net på alle sider, så maden kunne få luft og blive nedkølet og derefter opbevaret). De fremstillede også ski, som der var mangel på i de hårde vintre der var dengang. Kimen var sået til at blive selvstændige, ja det var den måske allerede lang tid før, men så blev den i hvert tilfælde forstærket.

Dagene, ugerne og månederne gik for far med arbejde ude som montør og når han var hjemme også i fritiden sammen med mor.

Far var håndværkeren og mor kunne "holde ved", som hun sagde. Jeg er sikker på hun kunne meget mere end det - også dengang. Mor var meget snild på fingrene.

## Tiden til at være to om arbejdet.

Så pludselig den 10-03-1944 kom far hjem fra arbejdet og meddelte min mor, at nu havde han haft sidste dag på fabrikken. Han havde fået sin sidste ugeløn og den beløb sig til 83 kroner og 11 øre inclusive betaling for ekstra timer han havde arbejdet op til weekenden.

Han var blevet uenig med fabrikanten, da fabrikanten ville have far til at rejse til Lolland den næste dag en søndag morgen. Dette nægtede far med den begrundelse at han jo ikke kunne begynde at lave noget, da alle materialerne til projektet først skulle transporteres derned, da de jo kun lige netop havde færdiggjort disse den samme dag og endda med overtid.

Men han rejste da gerne derned samtidig med at materialerne kom afsted om mandagen, og når han havde haft fri om søndagen med sin kære kone. Fabrikanten holdt på sit og sagde til far at nu havde han lovet kunden at de startede mandag morgen senest, så far skulle altså rejse i morgen tidlig søndag. Far kunne så gå rundt og slå nogle streger på gulvet og kunden kunne dermed se de var startet, var fabrikantens yderligere kommentar.

Det blev for meget for min far, der ellers helt sikkert arbejdede 100 % i firmaets interesse, så han sagde op øjeblikkeligt uden tøven.

Da han kom hjem, spurgte han så min mor "Tror du det bær, Bodil", og selv om det må have været et spring ud i uvisheden for dem begge, var hendes svar prompte "Ja Poul".

Det var dermed bestemt at de i hvert fald ville prøve om det kunne bære at blive selvstændige.

Med slid, slæb og mange timers arbejde gik det, selv om der selvfølgelig var mange udfordringer i starten og her især udfordringen med materialemanglen her under anden verdenskrig.

I starten var opgaverne mangeartede: Drikketrug, køkkenbord, vaskebænk, skagler, skabe, stigetrin, sækkevogn, trækvogn, skolemøbler til Pejrup Skole og hylder til Købmand Linds butik i Vester Aaby, samt andre forefaldende opgaver af træ.

# Første storproduktion.

Udover de forskellige mere håndværksprægede opgaver og små serieproduktioner begyndte de efter ønske fra Harald Madsen også at fremstille lister til blindrammer til malerier. Harald Madsen, der var malermester i byen, var desuden også kunstmaler, og han manglede disse lister til sin efterhånden ret store produktion af malerier, så han ville gerne købe disse lister ved mine forældre. Han havde nu ellers købt dem ved Farvehandler Knippel i Faaborg, men de kunne ikke levere. Da han en dag var inde for at hente maling til sin almindelige malerforretning, blev han spurgt hvor han nu fik sine blindrammer fra.

Harald Madsen fortalte, at dem fik han da lavet hos Poul Frederiksen hjemme i Vester Aaby.

Da det jo ikke er så almindeligt med malerier i dag, er det måske ikke alment kendt hvad en blindramme er, men det er den ramme lærredet til maleriet er sat fast på.

Farvehandler Knippel manglede også disse lister til sine andre kunder, og spurgte derfor Harald Madsen om han mente de også kunne købe hos mine forældre. Det mente Harald Madsen nok de kunne. Inden længe havde Farvehandler Knippel så henvendt sig til min mor og far og spurgt om de kunne levere disse blindrammelister. Efterspørgslen var stor, fordi det gik forrygende for kunstmalere rundt i hele landet.

Der var jo mangel på næsten alt, og noget af det man så kunne købe, var altså malerier.

Farvehandler Knippel fortalte også at de var med i en indkøbsforening, som ikke kunne skaffe lister nok og hvis mine forældre kunne fremstille flere lister end Knippel kunne aftage, var der her mulighed for et endnu større salg.

Mine forældre kunne jo selvfølgelig ikke lige svare på stående fod hvor meget de kunne levere, da det kneb med materialer og herunder træ, men de ville da selvfølgelig undersøge hvad de kunne gøre.

De måtte så i Tømmerhandlen, som lå i Faaborg. Det viste sig da så heldigt at der lige var ansat en ung Trælasthandler, som havde endog særdeles gode forbindelser til et Svensk savværk, og at man derfor godt kunne levere den type brædder der skulle bruges.

Det var Henry Traberg, den senere direktør, der var den unge trælasthandler og far glemte aldrig den hjælp han her fik af ham.

Dette satte rigtig skub i det lille snedkerværksted.

Både mor og far arbejdede i mange timer hver dag, der blev leveret kilometervis af blindrammelister til flere af Farvehandlerne flere steder på Fyn hen over de næste mange måneder.

Far udviklede også en slags kehlemaskine, der kunne save 4 lister ud af et bræt i en arbejdsgang, hvilket var en stor tidsmæssig besparelse.

Prisen var i øvrigt 65 øre pr. meter liste. De kunne lave cirka 1000 meter om ugen og fratrukket materialer, strøm med mere, blev der cirka 400 kr. til dem selv eller cirka fem gange så meget som fars ugeløn var på fars tidligere arbejdsplads.

De var jo så to om at tjene pengene, men godt gik det og da de jo var nøjsomme, blev der i løbet af et par år tjent penge så de kunne bygge et helt nyt værksted.

Ejendommen med det helt nye værksted til højre i billedet år 1946.

## Det nye værksted.

Det nye værksted blev bygget i 1946 og var en flot værkstedsbygning med delvis kælder, stueplan og et højt loft, til opbevaring af materialer, blandt andet tørrede brædder og planker.

Før værkstedet kunne opføres, måtte der tilkøbes et lille areal på i alt 584 m2 og for den nette sum af 741 kroner. Den samlede byggesum beløb sig til 13.141 kr. Byggeriet gjorde samtidig op med det lille snedkerværksted der ellers var en del af privatboligen og maskinerne blev flyttet til det nye store værksted.

På et senere tidspunkt installerede de på nordsiden af værkstedet en lille rammesav til at skære hele kævler (træstammer) op til planker på.

Det nye værksted gav selvfølgelig på grund af meget mere plads en mere rationel produktion. En stor del af det manuelle arbejde med at flytte flere gange rundt med emnerne forsvandt dermed også.

Der var stadig gang i blindrammerne om end det tog noget af, så andre produkter kom til så som høvlebænke, små borde, bogreoler, serveringsbakker og ilderfælder.

De fremstillede også små legetøjsbiler og arbejdede også med en ide om et legetøjsprodukt til at samle og en prototype var da også fremstillet. Billeder af produktet var også taget (se side 21) og en ansøgning om mønsterbeskyttelse var klar til at sende ind.

Da mor og far kort tid efter var i Faaborg, så de et lignende produkt i vinduet ved en legetøjshandler og da det jo så allerede var i butikkerne, opgav mor og far at fortsætte med dette produkt. Man kan sige at slaget var tabt på forhånd.

Ideen til produktet var opstået lidt ved et tilfælde, efter de var kommet i kontakt med Niels Hansen og Erik Haugegaards Maskinværksted i Fjellebroen

De to Maskinværkstedsejere havde fremstillet en fræsemaskine til fremstilling af runde pinde i flere forskellige tykkelser, da de vidste der var et marked for disse runde pinde til forskellige formål.

Far var hurtigt blevet enige med dem om at overtage maskinen, da træarbejde egentlig ikke var noget for de to maskinværkstedsejere alligevel.

Pindene kunne dels bruges til slikkepinde, nogle var pinde til pindemadder eller tandstikker og nogle til vatpinde til hospitalsbrug til rensning og pensling.

Det var disse runde pinde der var ideen sammen med en terning med huller, som så kunne samles til forskellige konstruktioner.

Billede af prototypen til det nye legetøjsprodukt. Her ses forskellige konstruktioner af de runde pinde og terningerne.

I starten lavede man disse pinde af savede lister, men det var ikke lønsomt så far udviklede en maskine som kunne stanse/skære listerne af planker og i den tykkelse man skulle bruge til fremstillingen. Man skulle så blot opdampe disse plankestykker først. Dette foregik i en

kasse som det ses på billedet herunder. Det krævede en dampkedel, som de så måtte anskaffe sig.
Nu var den første fastansatte medarbejder Ib så også kommet til.

Den første medarbejder Ib ved dampkassen og jeg står bag trillebøren.

Forretningen udviklede sig hele tiden.
For hurtigere at kunne kommunikere med kunderne, fik de så også egen telefon installeret i januar 1947.
Telefonen var nummer 382 og under Vester Skerninge central. Prisen for installation og oprettelse var 100 kr., hvilket jo var ret mange penge dengang, når en håndværkertimeløn var 2-2,50 kr. pr. time.

**I forbindelse med de runde pinde, kommer jeg for resten på en lille sjov historie:**
På et tidspunkt skulle far have lavet noget arbejde ved Niels Hansens maskinværksted i Fjellebroen.
Niels Hansen, der før havde været kompagnon med Erik Haugegaard, var nu selvstændig med eget værksted.
Da far fik regningen, var der skrevet en del flere timer på end der kunne være gået siden far havde afgivet ordren og det bemærkede min far så til Niels Hansen.
Svaret fra Niels Hansen var: "Det er jo fordi jeg også har tænkt på arbejdet om natten Poul".
Efter den dag var det hos Erik Haugegaard's Maskinværksted far fik lavet maskiner.

# Johannes.

Den 2. marts 1954 kom der så en lille dreng til verden, og det var denne histories fortæller.
Jeg blev adopteret af de to, der så blev mine forældre Bodil og Poul Frederiksen.
Mor og Far havde i flere år prøvet at adoptere, da de ikke kunne få barn sammen, og pludselig var der så en ganske ung pige i familien, der var blevet gravid, og som ikke kunne beholde barnet.
Så var muligheden der for at en adoption endelig kunne lykkes. Det var lige på falderebet, da far var blevet 40 år og mor var 37 år. Grænsen for adoption var at ingen af

forældrene måtte være mere end 40 år. Jeg blev døbt den 2. august i Vester Aaby kirke.

Selv om vi jo i dag er mere klar over det savn en fødemor efterfølgende kan få, tror jeg ikke det var så slemt for hende at bortgive mig i dette tilfælde.

Som allerede nævnt var det jo en fra familien, ret tæt på endda. Fødemoderen var min mor Bodils niece. Niecen hed Kirsten og kom lidt senere til at bo i byen, blev gift og fik tre børn mere, hvoraf kun den ældste, en pige der kom til at hedde Hanne lever.

Det blev naturligt at Kirsten ret tit kom i mit og mine forældres hjem, så hun fulgte på den måde hele min opvækst. Vores familier kom selvfølgelig også i hinandens hjem til fødselsdage og ved andre festlige lejligheder. I min tidlige barndom vidste jeg selvfølgelig ikke forholdet omkring familieskabet, men ret tidligt ved skolealderens begyndelse fortalte min mor Bodil mig den rette sammenhæng. Der var jo nok nogen i byen der vidste det og måske kunne jeg risikere at blive stillet overfor spørgsmålet eller blive drillet med det. Det var en klog mor Bodil jeg der havde, ingen tvivl om det.

Jeg havde en tryg og dejlig barndom, gik i den nye Vester Aaby skole de første 7 år og derefter i Vester Skerninge Skole, der var en Realskole.

Efter Realeksamen kom jeg så i lære som maskinarbejder ved Brdr. Richter Hansen Maskinfabrik i Svendborg og blev udlært der i august 1975.

Men nok om mig, og dog lidt mere om mig i et senere afsnit.

Far, mig og mor, foran kævlesaven der stod på nordsiden af det nye
værksted. 1956.

# Transportmidler gennem tiden.

Under opholdet i Sverige købte de som det første 2
cykler af en rigtig god kvalitet. Den ene cykel overtog
jeg i 1966/67, da min første cykel var blevet for lille.
Efter krigen købte de igen motorcykel, igen fordi far før
krigen havde haft en af mærket BSA, som han var
vældig glad ved. Der kom senere en sidevogn til, så jeg
også kunne komme med. Sidevognen blev vel også
brugt til varekørsel.
Men så blev det tid til en bil og det var i 1958, hvor de
købte den første OPEL af typen Rekord P med 1,5 liters
motor. Bilen, der kun var halvandet år gammel, var en
flot 2 dørs sedan, købt hos Faaborg Automobilhandel.

De var meget tilfredse med denne bil og efter den tid blev det altid Opel der var vores transportmiddel.
Jeg husker når der senere skulle skiftes bil kom der en ikke så høj men lidt kraftig mand, altid med hat. Manden hed Aagaard. Aagaard kom for at vise min far og mor den nye bil, som han mente de nu skulle skifte til, og som regel blev de enige om handlen.
Aagaard fik så selvfølgelig kaffe, hvis han havde tid og kørte så hjem igen med den nye bil.
Efter et par dage kom han så med den nye bil klargjort og indregistreret og afleverede den til mine forældre, fik selvfølgelig igen kaffe og tog så vores gamle bil med hjem.
Sikke en service!

Her er jeg sammen med 2 små grandkusiner Jytte og Beth foran den nye flotte Opel.

# Mere plads på flere måder.

Produktionen og leveringen af disse tynde runde
vatpinde førte til at man også fik forespørgsler om
levering af Tungespatler, som lægerne stadig bruger når
man skal ses i halsen.
Til denne produktion var det dog nødvendigt med en
finer / skrællemaskine, samt en stansemaskine, som de
dermed anskaffede sig for også at kunne levere dette
produkt. ( se billeder side 29 og 30)
Forretningen udviklede sig hele tiden.
Snart manglede virksomheden igen plads og der blev i
første omgang udvidet med et stort halvtag i forbindelse
med værkstedet fra 1946. Der blev her etableret
tørrerum med tromler til tørring af både tungespatlerne
og de andre produkter, samt et nyt fyrrum til en større
dampkedel, da man skulle bruge mere damp i
processen.
Samtidig med byggede man så også om i stuehuset.
Der hvor det gamle snedkerværksted lå, blev der lavet
en stue og et værelse. I den nye stue (kombineret sove
og opholdsrum) flyttede min mors forældre ind. De var
blevet gamle og kunne ikke længere klare sig på gården
i Skårup.
I tilgift med at bedstemor og bedstefar fra Skårup
flyttede ind, fik jeg en ny ven og legekammerat, en brun
gravhund der lød navnet Molly.
Et hundenavn de efterfølgende gravhunde også fik.

Vi havde nu også fået ung pige i huset til hjælp i den daglige husførelse, da mor jo arbejde meget med i værkstedet, og der skulle være en til at se efter mig. På den tid fandtes hverken vuggestue, dagpleje eller børnehave. I hvert fald ikke på landet på Fyn. Den unge pige fik det nye værelse, et værelse jeg senere fik som større dreng.

## Værksted i 2 etager og nyt fyr.

Produktionen af den lille ske, blev produceret første gang i 1958 på foranledning af Eigil Pedersen, ejeren af Vester Aaby Trævarefabrik, i daglig tale også kaldet Hytten. Pedersen havde gennem nogle år haft en produktion af ispinde og også skeer, men var træt af at skifte mellem produktionerne i fabrikken.

Pedersen var indstillet på helt at opgive produktionen af skeer og lade mor og far producere dem. Pedersen købte i forvejen tungespatler og vatpinde af mor og far, så de handlede allerede sammen.

Pedersen fortalte desuden, at der var et stort potentiale for salg af flere skeer, dersom de kunne levere.

Produktionen af skeerne krævede hurtigt bedre pladsforhold, så det blev besluttet at udvide med endnu en bygning, og denne gang så der samtidig skabtes en mere rationel produktion.

Beslutningen om det omfattende byggeri med det nye værksted, ja det kaldte mine forældre det selvom det nu rettere burde have været kaldt den nye fabrik, var noget af en mundfuld.

Under halvtaget hvor der før havde været tørreri, indrettedes så nu til et rum, hvor fineren blev skrællet og pindene udstanset. Det tidligere halvtag fik nu også anden tagkonstruktion for at give plads til en lille kran man kunne bruge til at hæve de små kævlestykker op i skrællemaskinen med.

Hej ses et billede af finer / skrællemaskinen betjent af Kai Phillip.

Fineren rulles op, klar til at blive stanset ud til pindene.

Stansemaskinen hvor fineren bliver stanset til de ønskede emner.
Pindene kører til en vogn bag maskinen og affaldet kommer ud forrest.

Det nye kedelhus blev opført i tilknytning til det ombyggede halvtag, for det var jo her det meste af affaldet fra skeproduktionen kom, og så var der kort vej til at få affaldet brændt. Der var meget manuelt arbejde forbundet med denne afbrænding af affaldet, men man kendte ikke til bedre metode.

Opførelsen af det nye kedelhus, der var med fuld kælder, løb dog ind i problemer, da man ved udgravningen ramte et lag med særdeles meget vand og man måtte pumpe og pumpe og havde alligevel problemer med støbning af fundament og kældervægge der skulle være i støbt beton. Det forsinkede hele opførelsen og dermed også opstart af produktionen igen, da man skulle bruge den nye dampkedel for at lave damp, så man kunne opdampe træet.

Den nye bygning blev opført i 1960 og kostede i samlede håndværkerudgifter i alt 86.482,32 kroner. Der var desuden eget arbejde ansat til 12.000 kr. i alt.

Der blev ved samme lejlighed installeret en stor dampkedel, nye tørreanlæg, en helt ny skrællemaskine med mere for yderligere i alt 26.200 kr.

Efterfølgende tilkøbte man så yderligere 617 m2 jord til i alt 617 kroner.

Bygningen var i to etager, og var en omorganisering af rang.

Jeg er sikker på min far tænkte på møllerierne og hvordan disse var indrettet, og overførte disse tanker til produktionen af de små skeer.

Underetagen blev indrettet til tørreri med tromler i det ene rum og til mellem lager til skeerne inden sortering i det andet rum. Underetagen var en halvkælder med fuld højde og store vinduer og dermed godt dagslys.

Det var jo også et arbejdslokale, så det skulle være helt i orden.

Her fyldes der fra vognen og ned i tromlerne der er i underetagen.

31

At de tromler man nu tørrede skeerne i, lå i underste etage, gjorde også at man nu kunne hælde de våde udstansede skeer fra vogne og ned i tromlerne.
Efter tørring tømte man så ud i et kanalsystem og blæste pindene til en silo på 1.sal, hvor de blev tømt i jutesække til afkøling.
Næste dag kunne man så sortere og færdiggøre produktet.

Tromlerne fra 1960 var af træ og finerplader. Denne er af rustfrit stål fra 1994. Øverst i billedet ses hullet i gulvet, hvor pindene via en tragt kan hældes ned i tromlen.

Sorteringen var i starten meget manuel, man kørte
skeerne hen over et cirka 60 cm. bredt bånd i bordhøjde
og så stod der en person på hver side og sorterede de
skæve og knastede pinde fra så godt man kunne. Nogle
gange blev pindene kørt igennem to gange, for at
kvaliteten blev tilfredsstillende.

Mor ved Sorterebåndet fra 1960, der var i brug til 1997.

Mængden af pinde på båndet kunne selvfølgelig
reguleres for derved også at tilsikre en god sortering fri
for knastede og meget skæve pinde. Skeerne blev
herefter fyldt i små kasser og afvejet. (senere blot i
papirsække, stabel ses bagerst i billedet.
Grundet den stigende efterspørgsel var dette
selvfølgelig ikke holdbart i længden og far udviklede i

samarbejde med Erik Haugegaard i Fjellebroen en maskine der kunne sortere de skæve pinde fra.

I den tid far udviklede maskiner som denne, var han somme tider svær at kontakte for et barn som mig. Det vidste mor godt. "Far tænker" sagde mor så til mig, måske for at undskylde og give mig forståelse for, at han var lidt fraværende i den tid.

De udtænkte principper lykkedes og dette var en absolut enestående nyskabelse indenfor sortering og pindefremstillingen, og ideerne til metoden blev også holdt hemmelig i mange år derefter.

Billedet herover viser skævemaskinen set fra siden med tre sække under, de to yderste til det færdige produkt og den midterste til affaldet. Pindene hældes fra jutesækkene ned
i tragten og via et transportbånd føres de til maskinen foroven, hvor de falder ned og fordeles via en speciel vippeanordning der "lægger" pindene i hjulene.

Princippet i skævemaskinen. Pindene ligger i riller på hjulet og er pinden skæv bliver den taget væk af gummibåndet der kører på tværs hen over hjulet. Enkelt men godt fundet på.

Der blev ved samme lejlighed lavet om og indrettet en spisestue samt toilet og badeværelse i tilknytning til privatboligen. Hidtil havde der kun været gammeldags das i en lille bygning i gården.

Alt i alt blev det hele så en del dyrere end ventet, men det skyldtes jo de uforudsete omkostninger til kælderen til fyret, som ingen havde kunnet gardere sig imod.

Til det økonomiske havde de jo da også et godt samarbejde (troede de) med Sparekassen i Vester Aaby (Faaborg Spare og Laanekasse), som jo var orienteret undervejs om hvordan det gik.

Det skulle dog ved byggeriets afslutning vise sig, det pludselig var et meget stort problem, at byggeriet var blevet lidt dyrere end ventet.

Billedet er fra cirka 1967, og viser tydeligt den lille trekant mine forældre allernådigst fik lov at være på.
De forsøgte i flere omgange at tilkøbe mere jord, men fik afslag fra naboen.

Nu ville Sparekassen ikke være behjælpelig med et større lån end det oprindelige tilsagte og ej heller en kassekredit, da Sparekassen ikke mente at der var blevet mere værdi i virksomheden.

Forståeligt nok, men i dette tilfælde endda set objektivt, så var det ikke pænt overfor mine forældre. De ruttede absolut ikke med pengene, var ihærdige og havde i øvrigt altid betalt enhver sit, også til Sparekassen.

Det var der så ikke noget at gøre ved.

Mine forældre kunne ikke få den ønskede hjælp fra Sparekassen, og hvad så?

De måtte informere håndværkerne om problemet, og høre om der kunne gives henstand med en del af betalingerne, selv om det var mine forældre meget imod.
Det løste sig dog hurtigt, da den håndværker der havde størst tilgodehavende for byggeriet, murermester Verner Brændeholm meddelte mine forældre at han godt kunne give henstand og at de blot kunne betale efterhånden der blev mulighed for det.
Det lettede og blev da så heller aldrig glemt af mine forældre. Gerda og Verner Brændeholm blev herefter venner for livet med mine forældre.
Mine forældre betalte løbende af på gælden til Brændeholm, og indenfor forholdsvis kort tid var det hele betalt.

## Sparekassen blev til Banken.

Ret snart derefter kom så også tiden hvor de helt kunne afvikle den lille kassekredit i Vester Aaby Sparekasse.
Der var i mellemtiden kommet en bank til byen, da Svendborg Bank havde åbnet en filial, og her havde man begyndt at indsætte de beløbsmæssige overskud fra den nye og meget rationelle produktion.
Dagen oprandt da de skulle i Sparekassen og afregne hele mellemværendet på en gang, sådan som mor og far var enige om det skulle være.
Far og mor indfandt sig så i Sparekassen, som selvfølgelig ikke var bevidst om at der var sat penge ind

i Svendborg Bank, så bestyreren havde nok tænkt mødet som et almindeligt forretningsmøde om hvordan det gik i almindelighed.

Det blev dog helt sikkert en kæmpe overraskelse da mine forældre fortalte, at de havde valgt at skifte pengeinstitut og bad om at måtte afregne hele Sparekassens tilgodehavende her og nu.
Sparekassebestyreren vidste ikke hvilket ben han skulle stå på, pludselig var der ikke alt det gode som han gerne ville og kunne gøre og om de da ikke ville fortsætte samarbejdet med Sparekassen.
Far blev budt på stor cigar og da mor ikke røg, løb bestyreren rundt for at finde noget han kunne give hende i stedet for.
Det blev til 2 billige plastik-regnhætter!
Det var da helt rent til grin! - - - - og jeg ved da også at både mor og far i situationen morede sig indvendigt over det.
Bagefter morede de sig hjerteligt.
Jeg er også sikker på det senere ærgrede den gode Sparekassebestyrer, at mine forældres forretninger ikke gik gennem Sparekassen mere.

## Produktionen fordobles.

Lidt senere viste det sig, at der også var en anden trævarefabrik, nemlig Hesselager Trævarefabrik, der var træt af at producere flere slags pinde mellem hinanden, så der kom endnu en kunde til de små isskeer.

Hesselager Trævarefabrik havde fået en maskiningeniør i Nørre Åby, Einar Sørensen til at konstruere og fremstille en pakkemaskine til disse små skeer. Det var nemlig sådan, at man af hygiejnehensyn skulle til at indpakke skeerne hver for sig.

Kravet var opstået fra fødevaremyndighederne, fordi man var blevet opmærksom på farerne ved den hidtidige fremgangsmåde rundt omkring i iskioskerne. Hidtil havde skeerne blot ligget i en lille kasse og is sælgeren havde så taget en ske fra kassen og udleveret denne sammen med bægeret med is. Det var ikke altid iskioskernes bygninger var helt tætte og der var så adgang til mus og rotter, som derved kunne have været i kassen med skeerne, og det gik jo ikke.

Da Maskiningeniør Ejnar Sørensen havde fremstillet maskinen til fabrikken i Hesselager, var de imidlertid ikke indstillet på at købe maskinen alligevel.

Produktionsskiftene irriterede også dem, så de ville allerhelst ophøre med at fremstille skeer.

De fik tilmed overbevist Sørensen om at det kunne blive en forretning for ham at pakke og sælge disse skeer og oplyste ham om, at han sikkert kunne købe disse ved Poul Frederiksen i Vester Aaby.

Jeg tror nu nok Sørensen var blevet noget paf ved situationen, men han kunne jo ikke gøre andet end køre hjem og tænke over situationen.

Resultatet af overvejelserne blev at Sørensen allerede den næste dag henvendte sig til min far og spurgte om de kunne få et samarbejde. De blev enige om at mødes på Hårby Kro, da dette var på halvvejen for dem begge.

Det var Sørensen der foreslog dette, og om der var noget taktisk bag, ved jeg ikke, men det var jo en slags neutral grund.

Det viste sig at der var fælles kemi, og en fælles interesse for at arbejde sammen. For det var netop et samarbejde der blev indledt, da begge parter var dybt afhængige af hinanden. Sørensen kunne givet kun få skeerne et sted, hos mine forældre, og mine forældre havde kun to kunder E.O. Sørensen i Nørre Aaby, og så Vester Aaby Trævarefabrik.

Vester Åby Trævarefabrik købte stadig skeer i samme mængder som hidtil, jeg tænker de solgte dem til de kunder de allerede havde, men forretningen med E.O. Sørensen i Nørre Aaby udviklede sig mere og mere. Det var vel naturligt, da han jo skulle leve af denne forretning, som han så hovedkulds var kommet ud i.

Einar Sørensen var en dygtig forretningsmand. Der blev solgt skeer til mange lande, og især Mellemøsten og alle oliestaterne var et stort marked for ham.

Af og til fik jeg de flotte frimærker derfra.

De årlige forhandlinger om pris foregik derefter som regel hos os. Ejnar Sørensen og hans kone Ketty kom og drak eftermiddagskaffe og når man havde nydt den, var det altid Ejnar Sørensen der henvendte sig til far og sagde om de ikke lige skulle gå en tur i fabrikken.

Det gjorde de så og når jeg var der, var jeg også med selv om jeg kun var en dreng. Jeg hørte så forhandlingen som foregik undervejs rundt i fabrikken. Min far nævnte stigningen i omkostninger, dyrtidsreguleringen på lønningerne var stor i disse år og prisstigningen på råvaren, altså bøgetræet, der også i 1960'erne fik store stigninger af samme grund. Hvilke argumenter Sørensen havde, husker jeg ikke – der var nok ikke så meget at sige og han kendte jo også til de fleste af stigningerne, så enige blev de og handlen fortsatte til begges tilfredshed.

På Vester Aaby Trævarefabrik, hvor man også var nødt til at indpakke skeerne, havde man en del problemer med at få det maskineri man her havde udviklet til at pakke skeerne til at fungere ordentligt, skeen skulle falde ned i en sammenbukket papirstrimmel som så blev falset sammen efterfølgende i en løbende proces. Da den ene ende af skeen var lettere på grund af forskellen på skaft og hoved (sådan er en ske jo udformet), ville den ikke falde ned i papiret ensartet nok. Det foreslog min far løst ved at det blev en dobbelthovedet ske og det viste sig det blev løsningen i Vester Aabys tilfælde. Det blev egentlig også en langt bedre ske, da "skaftet / håndtaget" dermed blev nemmere at holde på.

Jeg er af den mening, at man dermed kan påstå at det egentlig var min far der allerede i midten af 1960'erne skabte ideen til den langt senere MAGNUM-pind, selv om den først blev "opfundet" og produceret i USA i 1986.

Efterhånden blev det mere og mere den lille ske i de to variationer man lavede, hvilket også påvirkede de mængder man kunne producere.

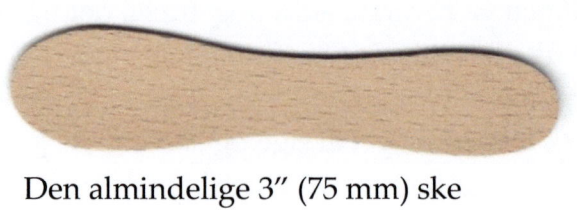

Den almindelige 3″ (75 mm) ske

Den dobbelthovede ske i samme længde.

# Endnu en rationalisering.

Efterhånden som både træ og arbejdsløn steg kraftigt op
i 60'erne, heraf for størstedelens vedkommende på
grund af den automatiske dyrtidsregulering, blev det
nødvendigt at gentænke hele setup'et igen.

Det var oplagt at se på det manuelle arbejde igen, og her
faldt det nemt at tænke på affaldshåndtering og fyring.
Der blev flyttet alt for meget med affaldet. Det var så
også sådan at der skulle fyres hele tiden for at holde
damptrykket oppe på kedlen, og her alene var en mand
beskæftiget hele tiden dagen igennem.

Desuden var der her dobbeltbemanding. Den første
fyrbøder startede ved midnatstid med at fyre og gik
hjem ved frokosttid 8,30 og blev så afløst af næste
medarbejder der gik hjem ved spisetid om aftenen, eller

rettere når dagens produktion var tørret færdig i tørretromlerne, så der var en vis fleksibilitet der. Rundt omkring på Savværker og Træindustrier var man begyndt at etablere store stokerfyr til afbrænding af savsmuld, spåner og eventuelt flis.

Ved at installere et sådant anlæg kunne man spare de to mænd, der før havde passet dampkedlen.

Det blev derfor besluttet at installere sådan et flisfyret anlæg fra firmaet Argusfyr fra Sjælland. Firmaet var ejet af ingeniør Ellebæk, som vi også senere besøgte i deres sommerhus i Marienlyst på Falster.

Argusfyr fremstillede det nødvendige udstyr til udmader fra siloen samt stokeren og handlede så med forskellige kedelfirmaer efter kundens ønsker og behov.

Argusfyr stod desuden for både installation af delene, samt hele rørinstallationen til dampen der skulle føres ud til kogekasserne samt andet nødvendigt rørarbejde.

Det var en lidt ældre montør Jensen, der udførte arbejdet og han spiste og overnattede hos os. Jeg husker ham som en arbejdsom og hyggelig mand. Af og til stod han også op om natten og arbejdede, hvis han ikke kunne sove.

Vi skulle så også have en flishugger til findeling af fineraffaldet, og her var den bedste en maskine fra Firmaet Angeln, netop fra byen Angeln i Nordtyskland. Selvfølgelig var vi på tur ned og se på maskinen og fabrikken der fremstillede den.

Her blev de voksne budt på kaffe i privaten hos ejeren og jeg fik sodavand. Undervejs på turen hjem i bilen fik de voksne øl og Underberg og jeg fik mere sodavand, en herlig tur, og så i ingeniør Ellebæks bil en helt ny flot elfenbensfarvet Mercedes Benz.

Den første flishugger var dog desværre for lille og måtte derfor ret hurtigt byttes til en større og mere anvendelig. I forbindelse med etableringen af det nye anlæg, blev der opført et lille rum til netop flishuggeren, da den støjede en del og derfor skulle være i et rum for sig. Rummet blev også støjdæmpet med Rockwoolbats. Samtidig blev der så ovenpå kedelrummet anbragt en silo til den findelte flis og dermed foregik fyringen automatisk og der kunne dermed opretholdes et stabilt damptryk på kedlen. Det var dog ikke uden problemer med den flis der blev af fineraffaldet, da den let ville pakke oppe i siloen, så udmaderen der skulle flytte flisen, blot løb tør og dermed tabte kedlen tryk.

Det kunne lige såvel ske om natten, så af og til måtte far så op og prøve at løse problemet.

Det lykkedes heldigvis i de fleste tilfælde forholdsvis hurtigt at få flisen til at falde ned igen, men ellers måtte det så vente til der mødte arbejdskraft ind om morgenen.

Fik man så hurtigt gang i fyret, kunne man nå at opdampe træet om formiddagen og så lave lidt produktion om eftermiddagen.

Men alt i alt var det alligevel et kæmpe skridt fremad. Produktionen nåede dermed i de gode år op på godt 200 millioner små skeer pr. år.

Der blev dog af og til eksperimenteret med andre produkter, lidt blev solgt, men det meste blev blot til prøver.

# Sejlads som Hobby.

Mine forældre elskede at fiske, de første år fiskede de i
åer, og senere på Nakkebølle fjord, først fra en lille 16
fods jolle, som mor og far selv byggede og senere fra
større både.
I 1964 var det fra en 20 fods jolle med kahyt, som de var
rigtig glade for. Den havde de dog ikke selv bygget,
men købte skroget af Bådebygger Niels Erik Hansen,
Dyreborg.
Skroget blev så færdiggjort i bøgebjerg med kahyt,
bænke og bundbrædder, og Erik Haugegaard
fremstillede den en-cylindrede motor.
Båden fik navnet Rikke, og der gik ikke længe før man
en dag lukkede fabrikken ved middagstid og tog afsted
alle mand for at fiske. Turen gik til Store Svelmø, hvor
vi spiste frokost og derefter sejlede vi videre for at fiske.
I dag lyder det helt hen i vejret at man blot lukkede
fabrikken midt i det hele, men det gjorde man altså
dengang – i hvert fald hos mine forældre.
Medarbejderpleje kalder man det i dag.
Nogle år senere meddelte en af vennerne Frugtavler
Vilhelm Jørgensen, Fjællebroen, at hans bror Arthur
Jørgensen, der ejede stålskibsværftet ovre i Søby på
Ærø, havde overtaget træskibsværftet ved siden af.
Der var netop lavet et svendestykke i form af køl og
stævne til en 29 fods motorsejler. Der var desuden en
model til den nødvendige jernkøl samt skabeloner til

spanter, så det mente Arthur måtte være noget for far at gå i gang med.

Arthur ville ikke færdiggøre den påbegyndte båd, som viste sig at være tegnet af skibsingeniør Ernst Mortensen fra Helsingør, som oprindeligt havde tegnet skibet til sig selv, og også fået bygget et.

Skibsmodellen hed "Trine", og en tegning af modellen blev også anvendt som eksempel i Navigationsbogen for lystsejlere.

De sejlede over og så på det og resultatet blev at far blev grebet af ideen og sagde ja til at overtage projektet.

Far kontaktede så skibsingeniøren fra Helsingør og fik de manglende tegninger, mod betaling selvfølgelig.

Man kunne så gå i gang med bygning af båden og der etableredes en overdækning mellem privatboligen og det gamle værksted. Mellem husene, som vi sagde.

Herman og far.

46

Det blev hovedsagelig min morbror Herman og min far der arbejdede med skibsbyggeriet. Dog var der en vis fleksibilitet hvis der var sygdom blandt personalet, arbejdede Herman så i produktionen. Den var jo trods alt det vigtigste, da der her var tryk på.

Der var i disse år fuld ordrebog og mere til.

Skibet, der fik navnet Kirsten, blev efterhånden færdigt, delvis med hjælp af en skibsbyggersvend fra Faaborg. Han skulle blandt andet kalfatre skroget.

(At kalfatre er at tætne med bomuld eller værk mellem skrogets planker på et kravelbygget skib.)

Kirsten søsattes i efteråret 1969 i Fjellebroen Havn. Sikke en festdag.

Det færdige skib med navnet Kirsten af Fjellebroen.

# Mere Hobby.

Mine forældres liv var at arbejde med træ, og min far yndede da også stadigvæk at lave fint håndværk, enten til at give væk som gaver eller til eget brug. Det blev blandt andet til drejede ure, tallerkenrækker og også et par bænke og et par borde i forskellig udformning. Far fremstillede også vinduerne til min kone Lilis og mit hjem, der blev den gamle arbejderbolig ved Hundstrup Savværk, som vi byggede om til en bolig til os.

Far læste meget og var meget historisk interesseret, og var derfor også i en del år i bestyrelsen for Vester Aaby Folkemindesamling.

Mors store hobby var haven og drivhuset, når tiden tillod det.

Mor var nemlig også virksomhedens bogholder til den daglige bogføring og administration.

Momsregnskabet blev udført gennem rigtig mange år af Statsautoriseret Revisor Alfred Henriksen, Faaborg.

Jeg mener mine forældre var en af Henriksens første kunder, da han etablerede egen revisionsvirksomhed.

Haven fyldte mor med blomster i alle regnbuens farver. Hun havde også den holdning til have at, citat: "hvor der gror en blomst kan der ikke gro ukrudt". Hun havde givet ret, der var ikke plads til ukrudt i hendes have. Så var der drivhuset, som både var til egen avl af tomater og agurker i de første år, men senere i det nye og større drivhus og nu også med spildvarme fra fabrikken, var der også plads til dels et stort figentræ og masser af blomster.

Egentlig utroligt min mor havde energi og tid til denne interesse når nu hun også var på mindst fuld tid i fabrikken og kontoret og tillige i køkkenet når der kom handelsrejsende forbi – ALLE blev budt på kaffe og som regel hjemmebag.

Og selvfølgelig lavede mor også den daglige mad til os. Men haven var ikke arbejde men terapi og afslapning for hende.

Mor i haven blandt alle blomsterne.

# Fjellebroen Havn.

Interessen for at have egen båd affødte også interessen for at have et sted den kunne ligge fortøjet for vejr og vind.

Det blev i Fjellebroen Havn, som far dermed blev meget involveret i restaureringen af.

Havnen der lå i mere og mere forfald, var ejet af en gammel mand, Wikkelsø, som ikke magtede den nødvendige vedligeholdelse. Der var ikke økonomi til det, da der ikke var mange brugere, mest nogle få fiskere med mindre både.

Da velstanden var voksende i 1960'erne, blev der igen brug for havnen, men nu mere til lyssejlads.

Den lå strategisk fint midt mellem Svendborg og Faaborg og i læ inde i Nakkebølle fjord.

En kreds interesserede, heriblandt min far stiftede så en Bådejerforening i 1964 og gik til Wikkelsø for at høre om de ikke skulle overtage havnen for at få den på fode igen.

Det blev aftalt at de overtog havnen for en krone mod at Wikkelsø, der før havde boet i en husbåd i havnen, men som nu boede i et skur på havnen, kunne blive boende så længe han ønskede det.

Far var derefter i både Bådejerforeningens, den senere Sejlklubs og Havnens bestyrelser. Han var i en periode også formand for sejlklubben og blev på et tidspunkt udnævnt til Æresmedlem.

Havnen blev i øvrigt udvidet flere gange, de fleste med hjælp fra min far på den ene eller den anden måde. En del materialer blev savet til billige penge på Savværket i Hundstrup efter dette var købt i 1968.

Billede fra Fjellebroen Havn:
Far stående på jorden mellem morbror Herman siddende og Verner Brændeholm siddende på hug.
Træpladen, hvor træet var skåret på Hundstrup savværk blev til det nye slæbested.

## Hundstrup Savværk.

Som tidligere beskrevet måtte de nøjes med en ganske lille trekant af Danmarks jord, selv om de flere gange forhørte sig hos naboen om muligheden for at købe mere jord. Jorden omkring dem havde i øvrigt tidligere tilhørt den ejendom de købte, men var blevet solgt fra til naboen af den tidligere ejer.
Men så en dag kom muligheden for udvidelse.

Det var ikke på Bøgebjergvej, men i nabobyen Hundstrup. At det kom på tale at flytte dertil, var dels pladsmanglen til såvel produktion af skeer men også udenomspladsen til såvel kævler og til brænde.
Købet blev også affødt af de store storme der kom i 1966 og 1967, hvor der væltede store mængder træ.
Skovenes ejere var nærmest i coma og hvis man skulle have træforsyninger, måtte man så også overtage en del træ der ikke var egnet til produktionen af isskeer.
Bøgebjergs træindkøb var nu lagt i en træhandlers hænder. Denne træhandler hed Ole Olesen.
Olesen var allerede blevet ret gode venner med min mor og far, så da Olesen kom og fortalte far, at Hundstrup Savværk var i konkurs og allerede havde været på tvangsauktion første gang uden nogen havde overtaget det, kunne far ikke sige nej.
Her kunne man så save det træ der ikke egnede sig til produktionen af skeer, var et af Olesens argumenter og et andet argument var, at der var alt den plads som han vidste man manglede i Bøgebjerg.
Det viste sig der var knap 50.000 m2 mod de 2470 m2 man nu havde i Bøgebjerg. Mere end tyve gange så meget plads!
Olesen sagde samtidig at han ikke havde økonomi til at købe savværket, ellers havde han gjort det, men mente at kende mor og far godt nok til at vide, at de havde økonomien til det.
De tog afsted og så på det sammen og det viste sig også senere at Svendborg Bank var involveret og havde et ret stort beløb i klemme.

De ville gerne hjælpe far til at overtage savværket for derigennem at få en fremtidig forretning gennem fars overtagelse og fortsatte drift af savværket.

Svendborg Bank havde dermed en helt anden opfattelse af mine forældres evner end Fåborg Spare og Lånekasse havde.

Dagen for tvangsauktionen oprandt. Datoen var den 17. maj 1968 og efter denne anden tvangsauktion var ejendommen overtaget af min far og mor.

Til Ejendommen hørte foruden savværksbygningerne en helt ny villa fra 1958 samt en gammel stråtækket ejendom med to lejligheder, hvoraf den ene var udlejet, og så selvfølgelig det store jordareal.

Mine forældre havde fået en sagfører fra Odense med som hjælper, Lorentzen hed han, og da auktionarius spurgte om far nu også kunne fremvise den nødvendige dokumentation for at han kunne betale de nødvendige omkostninger ved købet, brød Lorentzen ind og sagde at det kunne han stå inde for.

Far blev derved fri for at fremvise bankbogen lige der i det offentlige rum. Grunden til Auktionarius ville se bankbogen var, at der skulle betales et ret stort beløb i forbindelse med handlen og især til det offentlige, som havde ret mange penge til gode efter datidens forhold.

Far og mor købte savværket for pladsens skyld, de havde som sagt i mange år været klemt inde i Bøgebjerg, og de tænkte seriøst på mulighed for at flytte Bøgebjergs produktion, helt sikkert.

Men først skulle der ryddes op, og der var absolut noget at rydde op i. Herefter skulle savværket da også komme til at fungere som savværk igen, inden de tænkte på næste skridt. En ny ispindefabrik.

Flere måneder efter overtagelsen var der stadig træstammer, planker, firkanter og brænde overalt på pladsen. Dette tilhørte stadig boet efter den tidligere ejer og kuratoren i boet fik intet gjort for at få det solgt og fjernet, og dermed få ryddet op. Dette fremgår tydeligt af korrespondancen mellem mine forældres Advokat J. J. Lorentzen, Odense og Kuratoren Landsretssagfører Vilhelm Larsen, Faaborg. Det endte med at Advokat Lorentzen måtte skrive til Skifteretten og bede dem om at få det bragt i orden, hvilket ikke er helt normalt.

Godt mine forældre valgte en kompetent Advokat fra Odense.

Det endte dog til sidst med mor og far måtte rydde op. Man ryddede op både her og der og det måtte foregå i fritiden, da der var travlhed i Bøgebjerg.

Der gik desuden en rørlagt bæk gennem hele savværkspladsen, hvortil alle dræn fra de omkringliggende marker var sluttet til og da denne var klappet sammen, måtte der lægges en helt ny. Det Danske Hedeselskabs Grundforbedringsvirksomheds afdeling i Svendborg kom til at stå for arbejdet.

Prisen blev den nette sum af 6822 kr.+ 12,5 % meromsætningsafgift (moms). Dertil kom de nødvendige grus materialer til opfyldning af den gravede rende.

Der var nyligt opsat en brugt stor båndsav til at save kævler på, så den skulle selvfølgelig afprøves. Det var jo en del af meningen med det hele at save noget af det frasorterede træ, der ikke egnede sig til isskeer.

Saven viste sig dog at være i meget dårlig forfatning.

Den måtte hovedrenoveres hverken mere eller mindre.

Klingerne til saven kunne den tidligere ejer ikke selv slibe og vedligeholde, dem kørte man til Odense.

Om man havde villet vedligeholde klingerne selv ved jeg ikke, men man var i hvert fald ikke nået så langt inden konkursen.

At man ikke selv kunne det på stedet, var efter fars opfattelse helt klart uklogt, så medens saven blev renoveret, indrettede man så også et helt nyt slibeværksted med helt nye maskiner til at klare opgaven med klingevedligeholdelsen.

Min morbror Herman var samtidig på kursus og uddannede sig til slibemester.

Det var allerede bestemt at morbror Herman skulle være den daglige leder på savværket, og efter en tid solgte Herman og hans kone Inga deres hus i Vester Aaby og flyttede ind i villaen i Hundstrup, sammen med deres børn Bodil og Kurt.

Efter renoveringen af saven og etablering af slibeværkstedet, kom der gang i opskæringen af træ.

Det kørte stille og roligt med en 3-4 mand i årene derefter. Der blev i starten savet de bøgekævler som ikke duede til pindeproduktionen og senere store graner også fra stormfaldene både herhjemme og fra Tyskland.

Det meste nåletræ blev skåret som lønskæring for Tåsinge Savværk. Der blev også købt kævler og savet tømmer til de lokale tømrermestre.

Derudover savede man svinestaldsbrædder i elm, bindingsværk af egetræ, store bøgefirkanter til fremstilling af kuglerne til krocketspil med mere.

I foråret 1975 blev min morbror Herman så desværre sygemeldt. En sygemelding der viste sig at tage tid. Der var kun en fast medarbejder på savværket på dette tidspunkt, så han sagde ja til job i Bøgebjerg. De andre to, der var deltidsarbejdende landmænd blev bedt om ikke at komme før de hørte nærmere igen. Jeg selv var på dette tidspunkt i mit sidste læreår som maskinarbejder. Jeg havde året før været på session og var taget til soldat med aftjening ved Ingeniørtropperne i Farum. Det var noget jeg glædede mig meget til. Jeg skulle dermed hjemmefra og prøve mig selv af uden mor og far ved min side.

Jeg havde haft en god barndom og første del af ungdommen ved at bo hjemme, havde haft en fast kæreste i næsten 5 år, et forhold der blev afsluttet tidligere på året.

Men ak og ve, der havde meldt sig så mange til tjeneste som konstabler, at der ikke var plads til så mange værnepligtige, så i Pinsen fik jeg brev om at jeg var overflyttet til civilforsvaret, som jeg ville høre fra senere. Da jeg hørte fra dem, var der jo her heller ikke plads til alle dem der var overflyttet, så derfor slap jeg helt for indkaldelse.

Da jeg meddelte mor og far dette, var fars første bemærkning, "Kan du da så ikke tage ned på savværket og få det træ der ligger af Tåsinges skåret op, de har igen ringet og rykket for at få det gjort."

Morbror Herman var stadig syg, så der var jo et reelt problem.

Vi talte selvfølgelig om det ulykkelige i situationen, og da især for Herman som var syg.

Der var absolut ingen pres fra hverken mors eller fars side til at jeg skulle tage jobbet, men hele situationen taget i betragtning valgte jeg at takke ja og startede efter sommerferien den 1. august 1975, efter jeg havde afviklet lidt ferie.

Herman var heldigvis kommet hjem om end stadig sygemeldt og ville være det nogen tid, men han kunne da forklare og vise mig lidt omkring arbejdet med klingerne især til den store kævlebåndsav.

Men at lære det, kunne jeg kun ved at arbejde med det i den kommende tid.

Jeg søgte så en hjælper og var heldig at få den helt rigtige kollega i Kenneth. Vi matchede fint og deltes godt om opgaverne. Kenneth klargjorde kævlerne mens jeg arbejdede med klinger og så hjalp vi hinanden med opskæringen af træet. I de kommende uger fik vi ryddet pladsen med Tåsinges træ, så der blev ro for dem.

Jeg blev på savværket i årene derefter. Jeg var blevet glad for arbejdet med træ og så blev Hundstrup Savværk mit og min families liv.

I 1979 blev der stiftet et anpartsselskab, som led i generationsskiftet til mig. Dette selskab blev efter få år ændret til et aktieselskab.

Jeg boede nu i vores nyrestaurerede hus Filippavej 86, sammen med Lili og vores 2 børn Morten og Christina.

I 1984 blev Lili og jeg gift og i 1987 fik vi endnu en datter Annemarie.

Gennem årene blev savværket både moderniseret og udvidet flere gange, med børstetræsproduktion, eget høvleri, samt sortering af savsmuld og spåner til røgning og pelsberedning.

I december 1993 vælger jeg at ansætte en Driftsleder til savværket, for dermed at frigøre mig fra den daglige ledelse og hjælpe til med driften af Bøgebjerg.

Vi må i 1996 konstatere at det er svært at få driften af Hundstrup Savværk til at give bare et lille overskud og vælger at afvikle den del af virksomheden i foråret 1997.

Hundstrup Savværk 1995.

Far 1983.                    Mor 1983.

# Magnumpinden kommer til Europa.

På fabrikken i Bøgebjerg går det nu stille og roligt,
skeerne produceres nu i et roligere tempo.
Vester Aaby Trævarefabrik var lukket i 1974 og al
produktion overtaget af Firmaet Knauf, Stockelsdorf
ved Lübeck i Tyskland.
Firmaet E. O. Sørensen i Nørre Aaby er i 1986 overtaget
af trævarefabrikken i Hesselager der nu hed Norwood.
De køber tilsammen nu kun omkring 2/3 af hvad de
gjorde før, så alt i alt er produktionen droslet noget ned
og med et færre antal beskæftigede. Sådan set passede
det nu også mine forældre udmærket, far var blevet 75
og mor var blevet 71, så egentlig burde de jo nyde
tilværelsen som pensionister.
De valgte dog at fortsætte driften.

Jeg ved de også gjorde det af hensyn til nogle af medarbejderne, der havde været hos dem i mange år. Men pludselig i 1989 var roen forbi på den lille fabrik. Der havde været brand på Norwood i Hesselager og ejeren Ole Mørck havde brug for en prøve af en ny pind, som han havde lovet at producere til Unilevers danske iscremefabrik. Der skulle i første omgang blot produceres et par millioner pinde dels for at afprøve og indkøre sortere- og pakkemaskinerne og for at Unilever kunne afprøve interessen blandt forbrugerne for en helt ny type flødeis med mørkt chokoladeovertræk, nu kendt som MAGNUM Classic.

Mine forældre var på dette tidspunkt allerede et par år før kontaktet af firmaet Knauf omkring levering af det samme pinde-produkt, men far havde takket nej til nye produkter.

Men da Norwood var i en helt ekstraordinær ulykkelig situation, ville man da godt hjælpe og producere denne prøve på 1-2 millioner pinde.

Norwood havde en ny stansemaskine klar, så far slap for at ændre på Bøgebjergs stansemaskine og lave nye værktøjer til fremstillingen.

Prøven blev herefter produceret, og mere til. Pludselig var mængden mindst 5 millioner pinde, og så valgte far at lave nye værktøjer til egen maskine.

Tiden gik og snart henvendte Firmaet Knauf sig igen. Knauf havde hørt at der nu var produceret Magnum pinde i Bøgebjerg, så nu kunne de vel også købe. Knauf fremsendte herefter en tegning som de ønskede pinden udformet, og så kunne far få stansejernene fremstillet medens den aftalte produktion til Norwood blev færdiggjort. Mængden var nu blevet hævet til 15 millioner pinde.

Tegningen fra Knauff viste en pind der i princippet blot var en forlænget dobbelthovedet ske længde 94 mm og i 2 mm tykkelse. Bredder var det samme som på skeerne. Faconen var dermed mere enkel end Norwood-modellen. Der blev så efterfølgende lavet de nødvendige jern og produktionen gik i gang. Da Norwood havde fået opført ny fabrik, ophørte samarbejdet og så var det kun Knauf som købte.

Det blev dog til alt hvad der kunne produceres i Bøgebjerg og der blev igen ansat flere medarbejdere, blandt andet kom min søn Morten også til.

Efterspørgslen var som nævnt enorm og far og jeg talte igen om at bygge en helt ny pinde-fabrik i Hundstrup. Det ville jo så være mig og min kone Lili der helt skulle tage over og efter bedste evne lede også denne fabrik.

Savværket var efterhånden blevet en ret omfattende virksomhed, hvor der var rigeligt at se til, så vi vurderede at vi ikke kunne påtage os opgaven med pindeproduktion også.

Dermed fortsatte produktionen i Bøgebjerg som vanligt.

Den 2. september 1992 dør min far efter en kortere tids alvorlig sygdom. Som familie var vi selvfølgelig kede af det, men selv midt i sorgen måtte vi handle rationelt. Vi havde et ansvar for fabrikkens kunder. MAGNUM-isen var en kæmpe salgssucces og iscremefabrikkerne skreg på pinde. Yderligere havde vi også ansvaret overfor vores trofaste ansatte.

Som nævnt også i forbindelse med Hundstrup Savværk valgte jeg at ansætte en daglig leder af Savværket for at hellige mig driften af Bøgebjerg.

Det var hen under julen 1993, og jeg kunne så nu koncentrere mig om færdiggørelsen af det byggeri vi allerede i sommeren 1993 havde besluttet at opføre. Murermester Palle Jensen var allerede i løbet af efteråret gået i gang med fundamentet til udvidelsen.

Det viste sig dog at tegningerne ikke var blevet godkendt af Faaborg Kommune, og det påbegyndte byggeri blev dermed midlertidigt stoppet. Det var for tæt på naboskel, på grund af højden på 2 etager som det eksisterende værksted var.

Der var ikke andet at gøre end tale med naboen, der hidtil ikke havde villet sælge jord til mine forældre. Han var dog nu efter at have talt med sine børn indstillet på at ville sælge det areal vi ønskede, blot vi ville acceptere at den tilbageblevne mark så blev med parallelle sider. Dette måtte vi jo i nødens stund acceptere og også prisen som var noget pebret for landbrugsjord. Naboen forlangte 100 kr. pr m2 vi ville købe, så vi nøjedes med 2000 m2, til i alt 200.000 kr. + omkostninger til skøde og landmåler. Belært af tidligere tiders problemer med at købe jord, skrev vi dog Checken med det samme, så handlen ikke kunne fortrydes. Normalt kostede landbrugsjord på det tidspunkt omkring 5-10 kr. pr. m2.

Arealet blev overtaget pr. 23. december 1993.

Det viste sig, at grunden blev endnu mere trekantet, end den var i forvejen, men det var faktisk en fordel af hensyn til arealets udnyttelse, da vi skulle bygge i den brede ende.

Byggeriet kunne så fortsætte i det tidlige forår og blev færdigt i løbet af sommeren 1994. Tømrerentreprisen blev udført af Tømrermester Knud Krogh, Elinstallationerne blev udført af Henning Madsen og varmeinstallationen af VVS-installatør Hans Frost.

Virksomheden som den så ud efter byggeriet i 1994.

## 50-års Jubilæum.

Da det i 1994 var 50 år siden mor og far var startet som selvstændige holdt vi den 9. september en fest for ansatte og venner af huset, hvor også repræsentanter fra firmaet Knauf i Stockelsdorf ved Lübeck deltog i.

Mor, mig, Direktør Klaus Hilgendorf (Firma Knauf) og min søn Morten.

Knauf kom med et bøgetræ som gave og som de var
med til at plante i det ene hjørne af grunden.
En fin markering af det gode og tillidsfulde samarbejde
vores firmaer imellem.
Den gamle dampkedel var udlevet så vi besluttede at
opføre en helt ny kedelcentral med dampkedel, nyt
stokeranlæg og ny silo til flisen.
Der fandtes nu et langt bedre udmade-system fra siloen
som da også ved idriftsætningen viste sig at løse alle
problemerne fra den gamle silo og udmader.
Det var dermed slut med at stå op om natten, og
produktionen kørte uden driftstop.
Det var nu muligt med en større produktion, og der
måtte snart flere tørretromler til.

Tromlerne fik jeg fremstillet der hvor jeg havde været i lære og det var nu min tidligere mestersvend Hans Jørgen Jørgensen, der ejede fabrikken. Hans Jørgen kom selv og hjalp mig med installeringen i den nye kælder, tilsammen med et nyt anlæg til grovsortering og en automatisk sækkefylder.

Det var en stor fornøjelse at arbejde sammen med Hans Jørgen igen, og fornøjelsen var gensidig.

Egentlig var min mor jo gået på pension, hun var nu blevet henved de 80 år og så ikke så godt, men køre sække fra det nye anlæg det kunne hun, og så var hun i gang igen. Hun fornøjede sig med at gøre gavn.

Dog ikke på fuld tid, men som medhjælp af og til.

Min kone Lili overtog også bogholderiet efter mor i 1995, da mor som nævnt ovenfor ikke så så godt mere.

Lili var også holdt op året før på Hundstrup Savværk i forbindelse med den nye ledelsesstruktur.

Der blev også installeret flere kogekasser og et nyt krananlæg udenfor, begge dele fremstillet af Smedemester Hans Frost, der var vores faste smed og VVS-installatør.

Kogekasserne fik desuden automatisk tids- og dampstyring, fremstillet af vores faste el-installatør Henning Madsen.

Efter et par år meddelte den nu eneste kunde Knauf, at hvis vi kunne færdiggøre pindene til Iscremefabrikkerne ville de blive rigtig glade og der var så også mulighed for vi på sigt dermed selv kunne handle direkte med Iscremefabrikkerne.

Det var jo ikke alle kunder der ville eller kunne handle med Knauf, så det var helt ok for dem.
Vi var klar over det blev en omvæltning, men vi valgte at gå ind i det med åben pande.
Der blev bestilt en fuldelektronisk sorteremaskine med tredelt kamerasystem som kunne sortere efter nyeste og bedste principper. Kravet til nøjagtighed på det endelige produkt for ikke at skabe problemer i iscremefabrikkens maskiner var indenfor få tiendedele millimeter. Og så nøjagtigt kunne de gamle sorteremaskiner ikke gøre det, og det havde heller ikke været nødvendigt til skeerne.

Her ses Lizzy ved en af de nye elektroniske sortere og pakkemaskiner.
Lizzy efterkontrollerer pindebundterne og lægger dem i kasser.
En del blev dog blot leveret løse i kasser, og så kunne en person betjene 2 maskiner på samme tid.

I løbet af nogle måneder kørte den første maskine og den kom til at køre i toholds-drift fra starten. Snart kom så maskine to til og Knauf overtog stadig hele produktionen, og nu helt klar til levering direkte til iscreme- fabrikkerne rundt om i Europa. For at forberede eget salg ændrede vi ved årsskiftet 1997-1998 navnet til Aktieselskabet Bøgebjerg.

# Udviklingsfabrik.

Som tiden gik og efter nogle år med en ret stor produktion af Magnum pinde, var det nu efterhånden blevet sådan at vi ikke længere producerede ret mange i den oprindelige Magnum-længde på 94 mm, men producerede i længderne 108 mm, 83 mm, 75 mm og 72 mm. Desuden var en stor del af pindene nu også med Iscremefabrikkernes logo trykt på pindene.

Kun af og til producerede vi 94 mm, og skeer producerede vi sjældent. Vi var blevet en produktudviklingsfabrik for nye pinde typer til nye iscremeprodukter, med mange omstillinger til følge.

Desværre også uden fuld produktion.

Vi skulle op på fuld produktion for at tjene penge.

Priserne var desuden også faldende i markedet.

Som tidligere beskrevet var det også aftalen med Knauf at vi kunne sælge til egne kunder, og da en studerende eksporttekniker Trine Nystrup henvendte sig omkring en praktik og eksamensopgave, slog vi til.

Vi kunne få undersøgt et afgrænset marked, mod at betale rejseomkostningerne, og vi skulle ikke betale løn i den periode undersøgelsen varede.

Vi valgte Frankrig som er et ret stort Iscrememarked, og så var vi i gang. Nu med nyt navn igen "DansticK"

Vi fik ikke direkte ordrer ud af denne undersøgelse, men vi beholdt medarbejderen på kontoret og jeg kunne dermed indgå som medarbejder i produktionen det meste af tiden.

Lidt efter lidt kom der dog forespørgsler, som førte til ordre og en enkelt større ordre var endog efter henvisning fra samarbejdspartneren Firma Knauf, der ikke kunne tage yderligere kunder ind.

Vi fik også etableret endnu en sortere-linie til et rørepindeprodukt, som vi også fik en ny kunde til, så lidt skete der da.

Vi fik stadig ikke fyldt ordrebogen helt. Produktionen kørte stille og roligt, men desværre uden overskud i årene derefter.

# Medarbejdere gennem tiden.

Selv om mine forældre i det daglige var dybt involveret i deres virksomhed, havde den ikke udviklet sig til den gode og solide virksomhed uden gode medarbejdere, hvoraf nogle var ansat i rigtig mange år.

Som tidligere skrevet var den første faste medarbejder Ib. Den næste ansatte, var min morbror Herman Petersen, som startede i sidste halvdel af 1950'erne.

Herefter kom så Jens Jespersen og Bendt Johansen til i begyndelsen af 1960'erne og igen i midten af 1960'erne Poul Frederiksen (Gaza), Poul fik tilnavnet "Gaza", da han havde været soldat i Gaza og fordi han hed det samme som min far. Der var også Kai Phillip, Grethe Nielsen og Lene Parsberg Jensen.

Ovennævnte var alle ansat i rigtig mange år. Jeg husker også Peder Barkmann, Hans Bruun, Lars Mouritsen, Erling Jensen, Peder(skovfoged), Ole Mogensen, Kaj Illum, Karl Nielsen, Ejgil Christensen, Søren Wollesen, Kaj Larsen, Laurits Larsen, Susanne Jørgensen, Peter Madsen, Amy Baldauf, Trine Nystrup, Jette Johansen, Kasper Bergholdt, Birgitte, Ejner, Lizzy, Keld, Flemming, Henning og Rasmus.

Desuden var min kone Lili, min søn Morten og hans kæreste Linda også ansatte.

Der var helt sikkert flere som jeg desværre ikke husker navnene på.

**I forbindelse med medarbejdere kommer jeg i tanker om en lille historie:**

En ung mand, fik sig endelig en ny knallert.

Han syntes knallerten kørte så godt, så han skilte den ad for at se hvorfor! ...............han kom cyklende den næste dag og flere til. Jeg tror nu han ville have knallerten til at køre stærkere og derfor gjorde den ulovlig og desværre fik gjort for meget ved den og den derfor aldrig kom til at køre ordentligt igen.

**En anden lille historie:**
Man væddede af og til om forskellige emner, og den der tabte skulle give brændevin til frokosten dagen efter. Tænker du alkoholpolitik, men dengang var det anderledes. Det var ok med en lille en og en øl også, men direkte fuldskab var selvfølgelig ikke tilladt.

**Væddemålet:**
Mine forældre havde lige arvet et billede af Harald Madsen. Motivet var "Hist hvor vejen slår en bugt". Mor viste billedet frem, og straks udbrød Erling "så mange gelænderstøtter er der i hvert fald ikke". Det var mor nu ret sikker på der var, for Harald Madsen var altid meget nøjagtig med det han malede. De væddede, og man var da nødt til at afklare væddemålet med det samme så, der kørte straks en bil afsted til stedet med en chauffør ved rattet, samt Erling og så min mor som passagerer. Ved ankomst til stedet, talte de så støtterne. Antallet passede helt nøjagtigt, så Erling måtte give brændevin til frokosten dagen efter.

Billedet malet af Kunstmaler Harald Madsen i 1928.

Billedet blev kaldet "Hist hvor vejen slår en bugt", da man mener det var fra lige netop det her sted vores store Eventyrdigter H.C. Andersen fik sin inspiration fra, til at skrive sangen "Hist hvor vejen slår en bugt". Stedet er på vejen lige før Vester Aaby, når man kommer fra Svendborg siden og kører mod Faaborg. Her kørte H.C. Andersen når han kom fra Glorup Gods på Østfyn, hvor han en tid boede, og skulle ned for at besøge Købmandsdatter Riborg Voight i Faaborg.

Og det er ganske vist!

# Den tunge beslutning.

Som tiden gik kneb det mere og mere med lønsomme
ordrer, vi var nu i foråret 2002 og vi besluttede at sælge
virksomheden til en sydeuropæisk investor ved
udgangen af 2002, men noget kom i vejen for handlen,
og vi måtte starte op i marts måned 2003 igen for at
færdiggøre kontrakterne.
Vi stoppede produktionen til sommerferien i 2003.
Et lille stykke industri-historie på 60 år var afsluttet.

Den lille fabrik som den så ud fra vejen den dag det hele var slut.

Min mor blev boende på ejendommen til den blev solgt
i 2007, hvorefter hun flyttede til en Plejebolig i Vester
Aaby og døde den 16. januar 2012.
I et par af årene efter virksomheden stoppede, boede
min søn Morten med familie også i en del af huset,
noget både de, min mor og jeg var rigtig glade for.

Ejendommen blev i 2007 solgt til Tømrermester Mogens Green Rasmussen.

Mor i haven i juli 1992.

Far ved en af de fine tallerkenrækker han nød at lave. Maj år 1989.

# Efterskrift.

Jeg selv fik arbejde som konsulent i en del år og arbejdede blandt andet et par år med savværksdrift, heraf et år i Vietnam og et år i Brasilien. Derefter med ispindefremstilling et års tid i Tyrkiet af to omgange og et halvt år i England med bygning og installation af en maskinlinie til ekstrudering af polyurethan lister, hvorefter jeg var i job som social Mentor ved Odense kommune i knap halvandet år.

Efter en tid på efterløn, valgte jeg at gå på arbejde igen, først ved min tidligere driftsleder Poul Kjeldsen, der havde overtaget Farstrup Savværk og derefter hos Isoplus Fjernvarmeteknik i Middelfart, hvor jeg i næsten 5 år arbejdede både på lageret og med produktion af dele til fjernvarmerør.

Jeg gik endelig på pension i foråret 2023, og fik så tid til at skrive denne lille bog om mine forældre.

Jeg selv efteråret 2023

# Historisk baggrundsmateriale.

Mine forældres dåbsattester.
Påtegnet 1954-16-03, da de skulle adoptere mig.

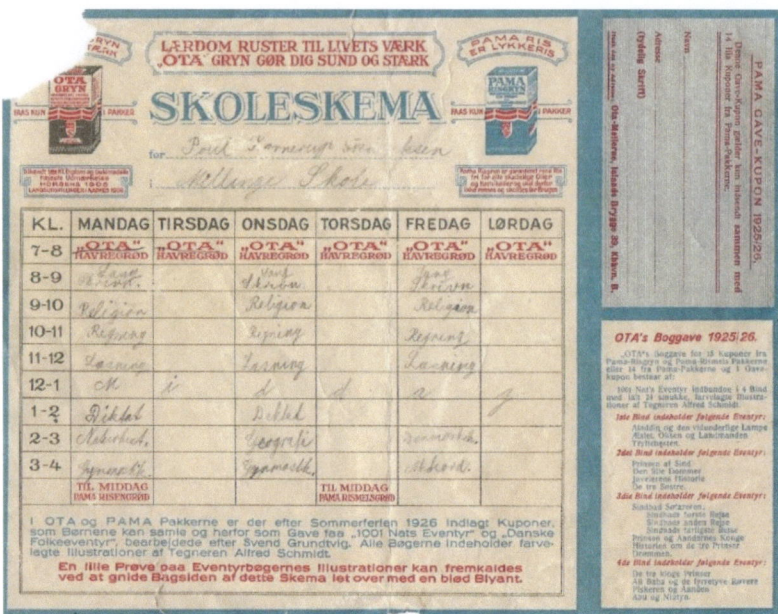

1924. Fars skoleskema fra han var 11 år, og viser at man dengang kun gik i skole hver anden dag.

**V. Aaby tekniske Skole.**

Den aarlige Udstilling af Elevernes Arbejder i det forløbne Skoleaar afholdtes i Gaar — Søndag — i Skolens Lokaler paa V. Aaby Maskinfabrik, og trods det daarlige Vejr var Besøget godt.

Ved 5-Tiden aflagde Forstanderen, Lærer M o r t e n s e n, V. Aaby, Beretning om Skolens Virksomhed. Antallet af Elever har været 31, og Undervisningen er bleven besørget af Lærer Zangenberg, Ulbølle (Dansk og Regning), Malermester Harald Madsen, V. Aaby (Frihaandstegning), Tømrermester Henrik Knudsen, V. Aaby (Geometri), og Værkfører Th. Jensen (Profektion- og Fagtegning).

Den 27. Januar inspiceredes Skolen af Direktør H a u g s t e d, København, som udtalte sin Tilfredshed med Undervis-

Paa Grund af den bilde Vinter har Forsømmelserne kun været faa, og der har baade fra Læreres og Elevers Side været arbejdet med Liv og Lyst.

Forstanderen overrakte derefter den dygtigste Elev i ældste Klasse, Møllebyggerlærling Poul F r e d e r i k s e n, V. Aaby, en Præmie, bestaaende af et Tegnebestik, som var skænket af Maskinmester Christensen, Nakkebølle, medens Børge Rasmussen, Fjellebroen, Georg Pedersen, Harry Petersen og Lars Knudsen, V. Aaby, samt Frede Nielsen, Pejrup, fik tildelt Ros.

Sluttelig rettede Lærer Mortensen en Tak til de tilstedeværende, og til de Institutioner, som støttede Skolen, bl. a. V. Aaby Kommune, som hvert Aar giver et Bidrag paa 100 Kr.

Ved afslutningen på teknisk skole i 1932 fik far overrakt et tegnebestik som belønning for at være dygtigste elev i ældste klasse.

Møllebygger Paul Kornerup Frederiksen har staaet i Lære hos Undertegnede som Møllebygger fra 1 Mai 1928 til 1 Mai 1932 og har i hele tidsrum gaaet i V. Aaby Tekniske Skole. Han har derefter arbejdet hos mig som Svend fra 1 Mai 1932 til 1 Juni 1933

V. Aaby Møllebyggeri 11-6-33
M. P. Petersen

At Ovenstaaende er i Overensstemmelse med Sandheden bevidnes herved

Hans N. Jørgensen
Rmd
Vester Aaby.

Fars "Svendebrev"/Bevis for udstået læretid hos Morbroderen Mads Peter Petersen, Vester Aaby.

# EKSAMENSBEVIS

FRA

## HAANDVÆRKERHØJSKOLEN I HASLEV

TREAARIG VINTERDAGSKOLE FOR BYGNINGSHAANDVÆRKERE

der er født i _Taarnborg_ den _25/11-1913_ har gennemgaaet

Skolens _1._ Klasse, Vinterhalvaaret 19 _33/34_

og opnaaede følgende Karakterer:

| | 1 ste Bygnings-klasse | 2 den Bygnings-klasse | 3 die Bygnings-klasse |
|---|---|---|---|
| 1. Dansk: Diktat, Forretningskorrespondance og Stil | _ug._ | | |
| 2. Praktisk Regning | _ug._ | | |
| 3. Bogføring | _ug._ | | |
| 4. Frihaandstegning I. | | | |
| 5. Geometrisk Tegning med Arealberegning | _ug._ | | |
| 6. Projektionstegning m. Overflade- og Volumenberegning | _ug._ | | |
| 7. Fagundervisning for Murere | | | |
| 8. Fagundervisning for Tømrere og Bygningssnedkere | | | |
| 9. Frihaandstegning II. | | | |
| 10. Bygningskonstruktion I. | | | |
| 11. Overslag | | | |
| 12. Opmaaling (Aars-karakter) | | | |
| 13. Borgerlig Husbygning og Skitsetegning (Aars-karakter) | | | |
| 14. Bygningskonstruktion II. | | | |
| 15. Aritmetik m. m. | | | |
| 16. Praktisk Bygningsstatik med Udregning af Belastninger og med Anvendelse af Tabeller | | | |
| 17. Øvelser i Landmaaling og Nivellering (Aars-karakter) | | | |
| 18. Kursusarbejdernes Udførelse | _ug._ | | |
| 19. Bogføring (Videregaaende) (Aars-karakter) | | | |
| 20. Maskinskrivning (Aars-karakter) | | | |
| 21. Projektionstegning (Videregaaende) | | | |
| 22. Perspektiv | | | |

Hovedkarakter: _6,00 = ug._

For at bestaa kræves et Gennemsnitspointsantal af mindst 3. De angivne Fagkarakterer er en Middelværdi af Aarskarakteren og den ved Prøven opnaaede Karakter. Ved Bedømmelsen er benyttet følgende Karakterskala:
7 = ug, 6 = ug÷, 5 = mg, 4 = mg÷, 3 = g, 2 = g÷, 1 = tg, 0 = tg÷, ÷1 = mdl. ÷3 = mdl.÷, ÷5 = slet

HAANDVÆRKERHØJSKOLEN I HASLEV, D. _28. Marts_ 19_34_

_Forstander._

1934. Eksamensbevis fra Haslev Håndværkerhøjskole.

# Huslejekontrakt.

Underskrevne *[håndskrift]*

bortlejer herved fra førstkommende *[håndskrift]* 1935

til medunderskrevne *[håndskrift]*

følgende *[håndskrift]* i Ejendommen *[håndskrift]* Nr. 7

bestaaende af *[håndskrift]*

*[håndskrift]*

*[håndskrift]*

for helaarlig Leje *14* Kr., skriver *[håndskrift]*

der betales forud med *[håndskrift]*

*[håndskrift]*

*[håndskrift]*

*[håndskrift]*

For Centralvarme og varmt Vand betales aarligt ekstra Kr.

der betales paa følgende Maade:

Huslejekontrakt fra 1935, da far vil på Teknikum i Odense, for at læse til Ingeniør. (Et halvår før optagelsesprøve, da far ikke havde mere en 7 års skolegang. Dengang skulle man normalt have mellemskoleeksamen, det der svarer til en Realeksamen i dag.)

# Bemærk: Helårlig leje 14 kroner + lys og varme 2 kr. for sommerhalvåret og 6 kr. for vinterhalvåret.

Medlems-Nr. _8166_

## Tømrerfagets Arbejdsløshedskasse

Navn _P. K. Frederiksen_     Familieforsørger <u>Ja</u> / Nej

Indmeldt d.   /   Medl. Opholdskommune

| Ud-betalingens Dato | For Antal Dage | Dag-penge | | Rejse-hjælp | | Flytte-hjælp | | Ialt | | Medlemmets Kvittering |
|---|---|---|---|---|---|---|---|---|---|---|
| | | Kr. | Ø. | Kr. | Ø. | Kr. | Ø. | Kr. | Ø. | |
| 30/11 1935 | 24 | | | | | | | 72 | – | P. K. Frederiksen |
| / 193 | | | | | | | | | | |
| / 193 | | | | | | | | | | |
| / 193 | | | | | | | | | | |
| / 193 | | | | | | | | | | |
| / 193 | | | | | | | | | | |
| Ialt... | | | | | | | | | | |

Denne Kvittering indsendes til Forbundet sammen med Maanedsberetningen.

Afregning af understøttelse i 1935. **3 kr. pr. dag !**

KØBENHAVN, K. DEN 30/9 1936.
KONGENS NYTORV 9

TILSYNET MED DEN TEKNISKE
UNDERVISNING FOR HAANDVÆRKERE
OG INDUSTRIDRIVENDE
TLF. C. 9161

I Henhold til Deres derom indgivne Andragende har Ministeriet for Handel og Industri tilstaaet

Dem følgende Understøttelse til i __6__ Maaneder i Skoleaaret 193 6 -1937 ( Vinter halvaaret)

at deltage i den af Dem ønskede Undervisning i *den tekniske Skole i Odense*

    fri Undervisning til et Beløb af indtil. . . . . . . . . . . . . . . . . . . . Kr. __90__

    og – efter Bestemmelse af Skolens Bestyrelse – til Bøger, Rekvisitter o. lign.

    et Beløb af indtil . . . . . . . . . . . . . . . . . . . . . . . . . . . . . . . . Kr. __25__

    under den Forudsætning, at De senest 3 Dage efter Undervisningens Be-
gyndelse har indmeldt Dem i Skolen og vedblivende efter Bestyrelsens Skøn
med Flid og Fremgang følger Undervisningen i hele det anførte Tidsrum.

F. V. Haugsted

Hr. __Møllebygger P. K. Frederiksen.__

1936. Tilsagn om støtte til skolebetaling på Odense Teknikum.

Vande, Vind-
og Dampmøllearbejde

Elevator- og Transportsnegle
for ethvert Formaal
Hejseværker og Transmissioner

Alle Slags Reparationer udføres

Tilbud og Overslag til Tjeneste

# Chr. Jensen, Møllebygger

### Vestergade 28
### Jerne pr. Esbjerg

Den 1-2 19 36

*[håndskrevet brev, stort set ulæseligt]*

Med Højagtelse
Chr. Jensen

*[håndskrevet svar, stort set ulæseligt]*

Med Højagtelse
Paul K. Frederiksen

Tilbud om arbejde i 1936, med fars svar tilbage, at han måtte takke nej på grund af han gik på teknikum i Odense.

Far har skrevet svaret forneden på tilbuddet.

Kvittering for betalt statsskat i 1938-39. **i alt 3,50 kr.!**

Mors og fars vielsesattest 1940.

6oo V. Aaby By og Sogn

Købers Bopæl:V. Aaby

Anmelderens Navn og Bopæl:
KNUD FREDERIKSEN,
Landsretssagfører,
Faaborg.

Forevist ved Tinglysning
i Retskreds Nr. 37
Faaborg m. v. den 7/12 57

## S K Ø D E .

Undertegnede Snedker H a n s  A u g u s t  J u u l  J ø r g e n -
s e n, Vester Aaby, sælger, overdrager og alene betinget af Købesummens
Berigtigelse i Overensstemmelse med nedenstaaende skøder herved til med-
undertegnede

Montør P o u l  K o r n e r u p  F r e d e r i k s e n, V.Aaby
den mig tilhørende Ejendom Matr. Nr. 6oo Vester Aaby By og Sogn, af
Hartkorn 2¼ Alb.

Under Overdragelsen medfølger Ejendommens rette Tilhørende og Til-
liggende med de derpaa værende Bygninger og disses mur- søm- og nagel-
faste Tilbehør, derunder Kakkelovne, Komfur og indmuret Kedel samt hele
den elektriske Installation. Endvidere medfølger de i Værkstedet staaende
faste Maskiner med Tilbehør, men ikke Haandværktøj og intet Varelager.

Overtagelse finder Sted den 17' ds. men Ejendommen henligger allerede
fra Dato for Køberens Regning og Risiko i enhver Henseende hvoraf navn-
lig følger at han i muligt Ildebrandstilfælde hæver Assurancen til an-
ordningsmæssig Anvendelse.

Overtagelsesdagen er Skæringsdag mellem Parterne med Hensyn til For-

Skøde på ejendommen på Bøgebjergvej fra 1942.

Regning fra den tid far var ansat på Jens Nielsens Maskinfabrik (DAMAS).
Prøv at lægge mærke til linierne med 1 Kaffe, hvor der i fjerde linje er tilføjet 2B
eller i sidste linje er tilføjet 1B 2R.  Det må være opskriften på kaffen B for bønner
og R for Richs som var kaffeerstatning.

Vesten Aaby den 11 - 12 1943

# Regning

for

Herr **Skræd Frederiksen**

fra ..murer.. **Hans Jørg Hansen**

Form. 1013

| | ⁴/₇ | | | |
|---|---|---|---|---|
| Januar | 7 | Reparaeret Tag Kakkelovn Jækler i | | |
| | | Vaskerhuis og Muer i Baghuset | | |
| " | " | 24 Timer a kr 2.10 | 50 | 40 |
| " | " | Arbejdsmand 24 T a kr 1.80 | 43 | 20 |
| " | " | 1 m Grus | 7 | 00 |
| " | " | 4 stk Glaserede Rør a 3 | 12 | 00 |
| " | " | 1 skr Bagning | 4 | 00 |
| " | " | 50 stk Tagsten a 35 øre | 17 | 50 |
| " | 1 | 2 Td Cement a | 18 | 40 |
| August | ²⁶/₂₈ | Reparaeret en Skue murer Vindue | | |
| " | " | 24 Timer a kr 2.10 | 50 | 40 |
| " | " | Kalk | 12 | 00 |
| " | " | Cement | 4 | 60 |
| " | " | Grus | 7 | 00 |
| | | Jhr . | 246 | 50 |

Betalt Den 15-12-43

Hans Jørg Hansen

Murermester regning fra 1943, hvor håndværker-timelønninger ses.

85

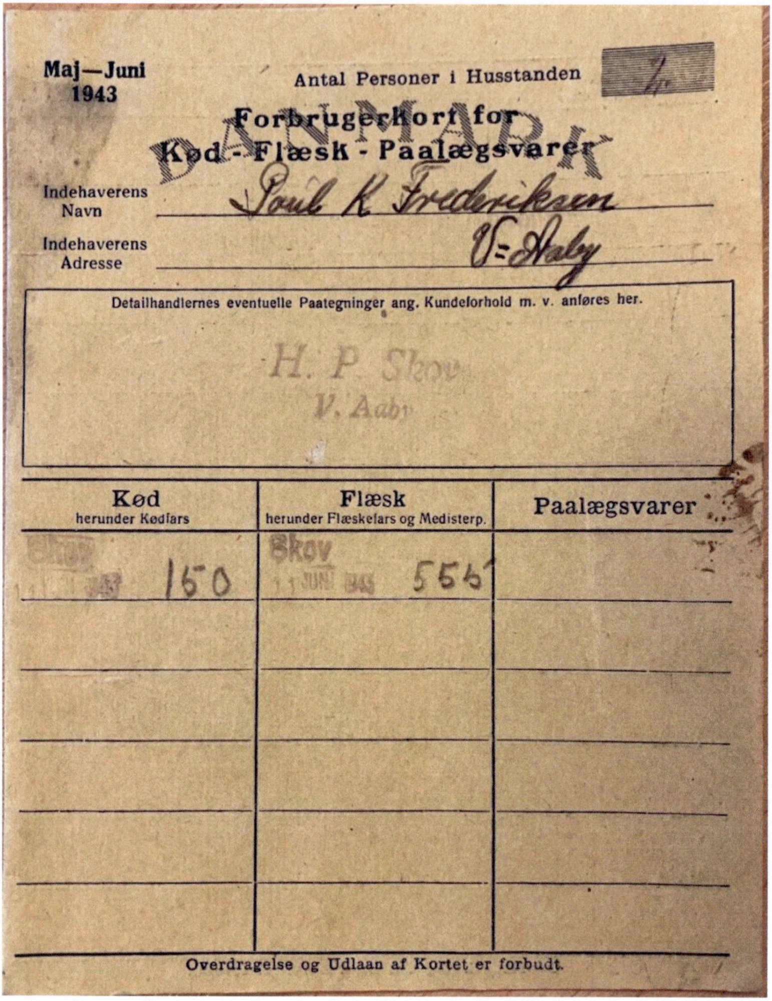

Maj—Juni
1943

Antal Personer i Husstanden

Forbrugerkort for
Kød - Flæsk - Paalægsvarer

DANMARK

Indehaverens Navn    *Poul R. Frederiksen*

Indehaverens Adresse    *V-Aaby*

Detailhandlernes eventuelle Paategninger ang. Kundeforhold m. v. anføres her.

*H. P. Skov*
*V. Aaby*

| Kød herunder Kødfars | Flæsk herunder Flæskefars og Medisterp. | Paalægsvarer |
|---|---|---|
| 150 | Skov 556 | |
| | | |
| | | |
| | | |
| | | |

Overdragelse og Udlaan af Kortet er forbudt.

Forbrugerkort for køb af slagtervarer under 2. verdenskrig.

Forvaltningsnævnet for
**Krigsforsikringen for bymæssige
Bebyggelser i Landkommuner**

København, Ved Stranden 14,

den _____ 1943

I Korrespondance bedes
henvist til J. Nr. 2010

Telefon: Central 4368
Provinstelefon 98

I Tilslutning til Nævnets Skrivelse af D. D. angaaende Erstatning
for den Ejendommen Matr. Nr. 60g, Vester Aaby Mark, Vester Aaby

som Følge af Krigen overgaaede Skade skal man paa Grundlag af
Forhandlinger, der har fundet Sted mellem Forvaltningsnævnet og
De Danske Provinsbankers Forening, de i Hovedstaden virkende Banker
samt Fællesrepræsentationen for de danske Sparekasser, herved med-
dele, at det indtil videre i Almindelighed kan forventes, at Bankerne
og Sparekasserne vil yde Laan mod Transport paa de Beløb, der i
Henhold til Forvaltningsnævnets Godkendelse tilkommer de skadelidte
i Anledning af Genopførelse (Reparation) af deres Ejendomme. Saa-
fremt De maatte ønske at optage et saadant Laan mod Transport paa
Deres Erstatningsfordring, kan man derfor henvise Dem til at rette
Henvendelse til den Bank eller Sparekasse, De maatte ønske at benytte.

P. N. V.

Brev fra Krigsforsikringen. Dateret 10 maj 1943.

Det gensidige fyenske Brandassuranceselskab,
(Ravnholtkassen),
Odense.

### Krigsforsikringsbidrag

Nærværende gælder som gyldig kvittering for beløbets betaling,
naar hosstaaende postkvittering er underskrevet af postvæsenet.

Police nr.
(herunder eventuelle tidligere policer).

Opgjort på den i § 8 i lov nr. 172 af 12. april
1940 om krigsforsikring af løsøre anførte måde,
udgør det bidrag, der ifølge ovennævnte police skal
betales til „Krigsforsikringen af Løsøre"

for 2. halvdel af året 1945       5⁰/₀₀   =

Det henstilles, at indbetaling kun sker ved benyttelse
af dette indbetalingskort.

**SE BAGSIDEN!**

——— Postkvittering ———

Til postkonto nr. 419 38 Det gensidige fyenske
Brandassuranceselskab, (Ravnholtkassen), krigsforsikring,
Odense, og indbetalt af nedennævnte

ADRESSAT

kr.

den

Kvittering for betalt krigsforsikringsbidrag 1945.

87

Passerseddel.

Møllebygger Poul Kornerup Frederiksen, f- d. 25/11 1913 i

Taarnborg, boende Vester Aaby, meddeles herved Tilladelse til at
      fra Faaborg
rejse/til Sønderborg den 6/9-43 og retur den 1o/9-43.

Rejsens Formaal er :  Opstilling af et Kornanlæg, som skal benyt-

tes til Rensning af Saakorn i Fyns Andels Foderstofforretning

i Sønderborg.

                        Politistationen
         Bevidnes.      Faaborg

                   Ist berechtigt am 6.-9.-43 ........... nach
Sonderburg und am 1o.-9.-43 aus Sonderburg zurueckzukehren.

                             Leutnant u. Standortæltester.

Dansk Passerseddel. (En af fars rejser som montør for Jens Nielsens
Maskinfabrik under 2. verdenskrig. Denne er til Sønderborg i 1943.)

        B e s c h e i n i g u n g                        122

Herr     Poul Frederiksen ..... ist berechtigt,
Frau
Fräulein

die Eisenbahn von Sonderburg nach ... Faaborg ...........
zu benutzen

Grund: ...........................................

Sonderburg, den ... 1o.9. .....1943

                        Im Entwurf gezeichnet:
                        K a s t e n b a u e r
                        Kapitän z. S. u. Standortältester

                        Für die Richtigkeit:

                             Leutnant M.A. u. Adjutant

25/11.13

Tysk Passerseddel. (Returrejse fra Sønderborg til Faaborg)

88

Til Sælgeren

**C.W.OBEL**
AKTIESELSKAB
*Aalborg*

Dyrker=Nr. _2_

Den _10/10_ 194_7_ .

Hr. _Paul Frederiksen_

By _Vester Aaby_

Matr. Nr. _60_ Sogn _"_ Vurderingskreds _Faaborg_

har solgt til C. W. Obel A/S, Aalborg, af Høst 194 _7_:

| Tobakssort | Klasse | Nettovægt kg | Pris pr. kg Kr. | Kr. |
|---|---|---|---|---|
| | I | 38 - | 13 - | 364 - |
| | II | 12 - | 9 - | 108 - |
| | III | 7 - | 2 - | 14 - |

Samlet Nettovægt....... kg   47  —          486 -

Fradrag: Tobaksafgift à 50 Øre pr. kg......          23 50

276 - 12500-9-46

Kr......   462 50

Beløbet modtaget:

_____
Som Sælger.

_____
Opvejningssted.

**C.W.OBEL** A/s

_____
Som Køber.

Afregning for tobak 1947. (på bagsiden er der lavet en udregning på det samlede salg i 1947 som var 994 kr. og samlede udgifter var på 385 kr. til jord, planter, gødning, sejlgarn og kørsel)

89

Mtr. Nr., Ejerlav, Sogn: 6o p Vester Aaby     Akt: Skab     Nr. 258
By og Sogn.                    (udfyldes af Dommerkontoret)

$342
8 MAJ 1946
                                            Købers Bopæl:    Vester Aaby.


                                            Anmelderens Navn og Bopæl:
                                            KNUD FREDERIKSEN,
                                            Landsretssagfører,
                                            Faaborg.

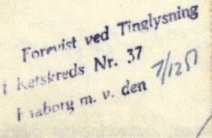

Forevist ved Tinglysning
i Retskreds Nr. 37
Faaborg m. v. den 7/12

3 KRONER

80 ØRE

## S K Ø D E.

Undertegnede Gaardejer R a s m u s  P e d e r B ø g n e r, Vester
Aaby, sælger, overdrager og alene betinget af den endelige Udstykning
skøder herved til medundertegnede Fabrikant P o u l  K o r n e r u p
F r e d e r i k s e n, Vester Aaby, en Parcel af den mig tilhørende Ejen-
dom Matr. Nr. 6o c Vester Aaby By og Sogn.

Parcellen, der er ubebygget, er opmaalt af Landinspektøren og Græn-
serne afsat; Arealet udgør ialt 584 Kvadratmeter. Parcellen er overtaget
af Køberen og henligger for Fremtiden for dennes Regning og Risiko lige-
som Køberen for Fremtiden betaler de Parcellen paahvilende Skatter og Af-
gifter.

Købesummen er fastsat til Kr. 741,oo - skriver  Syv Hundrede og een
og fyrre Kroner - der er betalt kontant.

Omkostningerne ved Udstykningen samt ved nærværende Skødes Udstedelse
Stempling og Tinglysning betales af begge Parter med Halvdelen hver.

Parterne erklærer ved deres Underskrifter paaTro og Love at der ikke
findes  Skov eller fredskovpligtig Grund paa Parcellen.

De Parcellen ikke særskilt er vurderet til Tinglysning

Jordkøb af naboen 1946.

# BYGGENÆVNET

*Personlige og telefoniske*
Henvendelser angaaende denne Sag
maa rettes til

**Vognmagergade 9 - Central 16 988**

Den **4 MAJ 1946**

Sag Nr.

**406111**

Koncept Nr. 2819

Bedes anført ved Henvendelser angaaende *denne* Sag for at undgaa unødig Forsinkelse.

*Bögebjerg Maskinsnedkeri.*

*Vester Aaby.*

Vedrørende hertil den *17/4* - 1946 indgaaet
Andragende om Tildeling af Trælast til Brug
ved *Lægning af Gulv*

paa *Matr. Nr. 31 e af Bögebjerg.*

    Det meddeles, at man ikke ser sig i
Stand til at stille Indkøbstilladelse for
Trælast til Raadighed for ovennævnte For-
maal, men maa henvise til at søge det paa-
gældende Kvantum indkøbt af de i fri Handel
værende Mængder.

P.N.V.
E.B.

*[underskrift]*

*[håndskrevet note]*

Afslag på tildeling af Loft/Gulv i værkstedet bygget 1946.

91

Værkstedsbygning.

| | | Kr. | ø |
|---|---|---|---|
| | Grund | 841 | oo |
| | Vinduerbeslag og Portmuller | 96 | oo |
| | Tømmer fra Skjøde Sanvæk | 1236 | 70 |
| | Kørsel fra " | 75 | oo |
| | Vinduesrur | 277 | oo |
| | Taglader | 940 | 50 |
| | Gran til Lægter | 37 | 70 |
| | Skruing af — | 32 | 76 |
| | Kort af Lægter | 20 | oo |
| | Stoler | 335 | 00 |
| | Hallevinduer | 26 | 00 |
| 25/4 T.Nissen | | 500 | 00 |
| | Sten og Svenggaarden for Sten | 95 | oo |
| | Kørsel af Kal | 30 | 00 |
| 16/5 | Fragt paa Sten | 115 | oo |
| 18/5 | Kørsel af Mursten | 25 | oo |
| 24/5 | Dørlaas. | 22 | oo |
| 29/5 | Kørsel paa Murstenen med Hallekørsel | 90 | oo |
| 29/5 | Rygningsplader — | 51 | oo |
| 1/6 | Hans Kosen | 250 | oo |
| 13/6 | Jernbjælker | 86 | oo |
| d/19/6 | Regning paa Grus | | 300.oo |
| 29/6 | Vinduessfter, Kvidt, Elis | | 13.oo |
| 27/6 | Hans Nissen. | | 100.oo |
| | Valsner | | 8.oo |
| 11/7 | Kitning af Vinduer | | 12.50 |
| 4/7 | Optagning af Tag | | 10.oo |
| 8/7 | Hans Nissen | | 1250.oo |
| 13/7 | Ruder | | 126.oo |
| 13/7 | Fra til Port | | 20.oo |
| 13/7 | Valsner Skruer til Taget. Søm (7880) | | 58.oo |
| 1/8 | | | 28.oo |
| 11/8 | | | 2835.oo |
| 11/8 | | | 1189.oo |
| | | | 15.oo |
| | Tagrender | | 296.oo |
| | Grus | | 260.oo |
| | Sagfører og kommunkostninger | | 140.oo |
| | Bøgner | | 69.oo |
| | Kraftinstallation 13.141 | | 300.oo |

Opgørelse af byggeomkostninger nyt værksted 1946. = 13.141 kr.

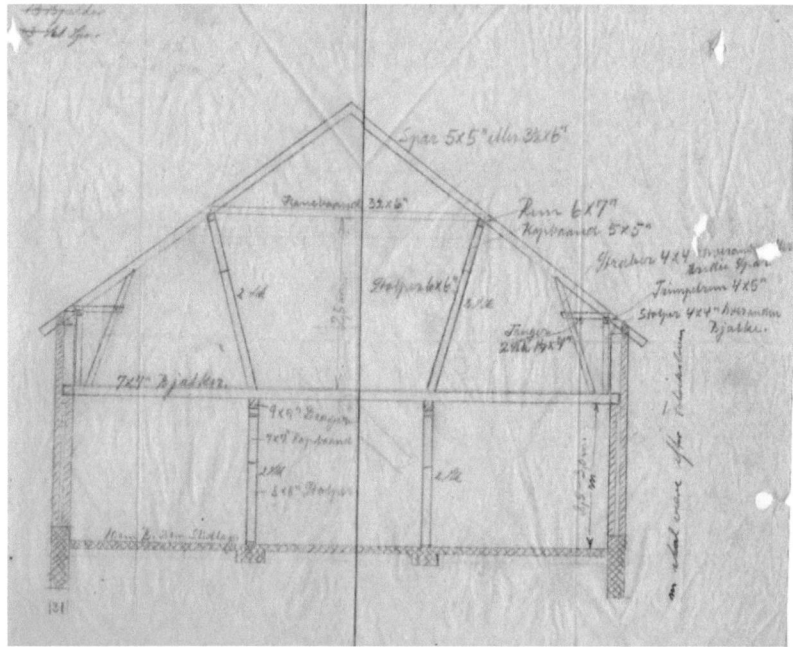

Konstruktionen af nyt værksted 1946.

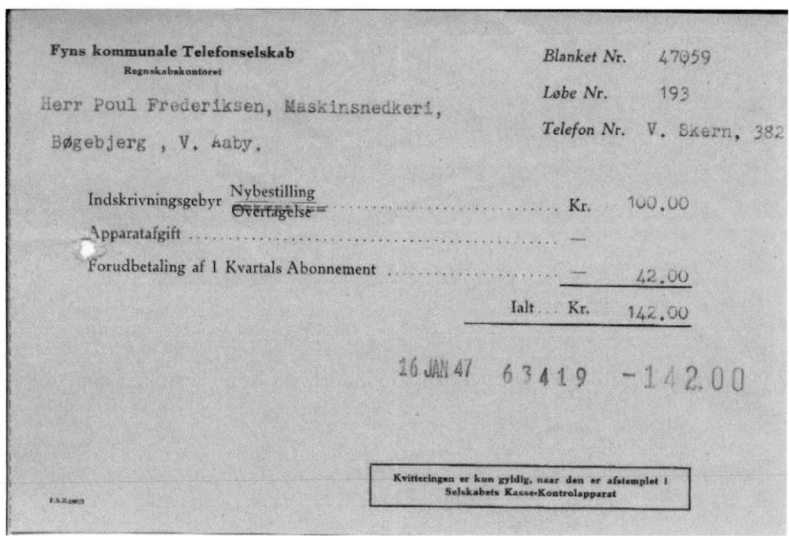

Oprettelse af telefon i 1947.

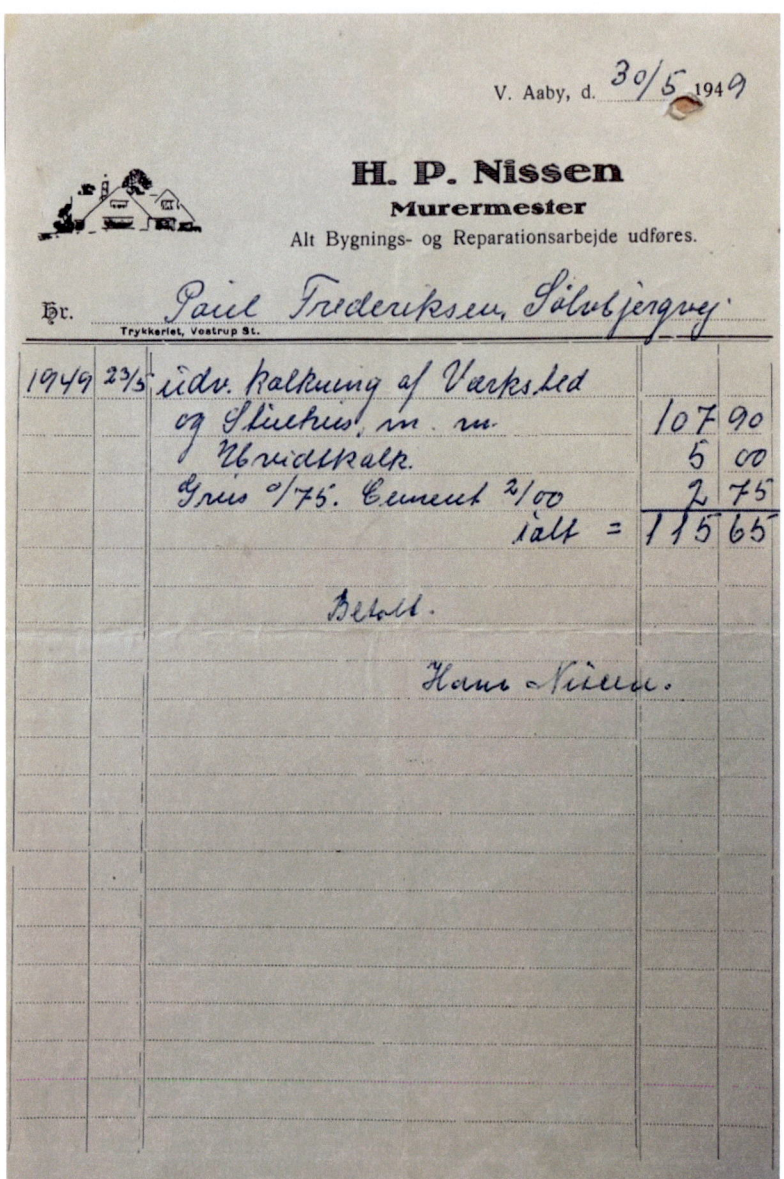

V. Aaby, d. 30/5 1949

# H. P. Nissen
## Murermester
Alt Bygnings- og Reparationsarbejde udføres.

Hr. Paul Frederiksen, Sølvbjergvej.

Trykkeriet, Vestrup St.

| 1949 | 23/5 | udv. kalkning af Værksted | | |
| | | og Stuehus, m. m. | 107 | 90 |
| | | Hvidtkalk. | 5 | 00 |
| | | Grus ⁰/75. Cement ²/00 | 2 | 75 |
| | | ialt = | 115 | 65 |

Betalt.

Hans Nissen.

Hele ejendommen kalket i 1949 for 115,65 kr.

94

# FØDSELSATTEST

for

Familienavn: *udøbt dreng.*

Fornavne: _____

| | |
|---|---|
| Fødested (By, Sogn og Amt, i Købstæder Sogn, tillige Gade og Husnummer) | *Haastrup by og sogn, Svend- borg amt.* |
| Fødselsaar og -dag | *1954, den 2. marts.* |
| Forældrenes fulde Navn, Stilling og Bopæl | *Husassistent Kirsten Pedersen, f. 20.-10.-1937, Sunkær, Ærø.* |

Overensstemmelsen med Ministerialbogen bevidnes.

den, *5. marts* 19*54*

*P. Münch Madsen*

Nr. 6004. L. Levison junr. Akts. Fødselsattest.

## MØDREHJÆLPEN
### FOR FYNS STIFT

SCT. ANNE PLADS 4ª ODENSE
TLF. 3135 . POSTGIRO 39992
Træffetid: Hverdage kl. 12–14 (lørdag kl. 12–13)
samt mandag kl. 16–17.30

/mb.

Odense, den _____ 14/7 _____ 19 54.

*Skrivelser m. m. denne sag vedrørende bedes betegnet med Jr. nr.* 12.306.

Hr. Fabrikant Povl Frederiksen og hustru,
Vester Aaby.

Vi kan nu glæde Dem med, at adoptionssagen vedrørende den lille dreng er gået i orden og fremsender hoslagt adoptionsbevillingen, 2 dåbsattester, 1 vielsesattest, 1 fødselsattest samt en plejetilladelse.

Venlig hilsen

*Grasmhilde Kirkegaard*

Fødselsattest på Johannes og følgeskrivelse til adoptionsbevilling dateret 14/7-1954.

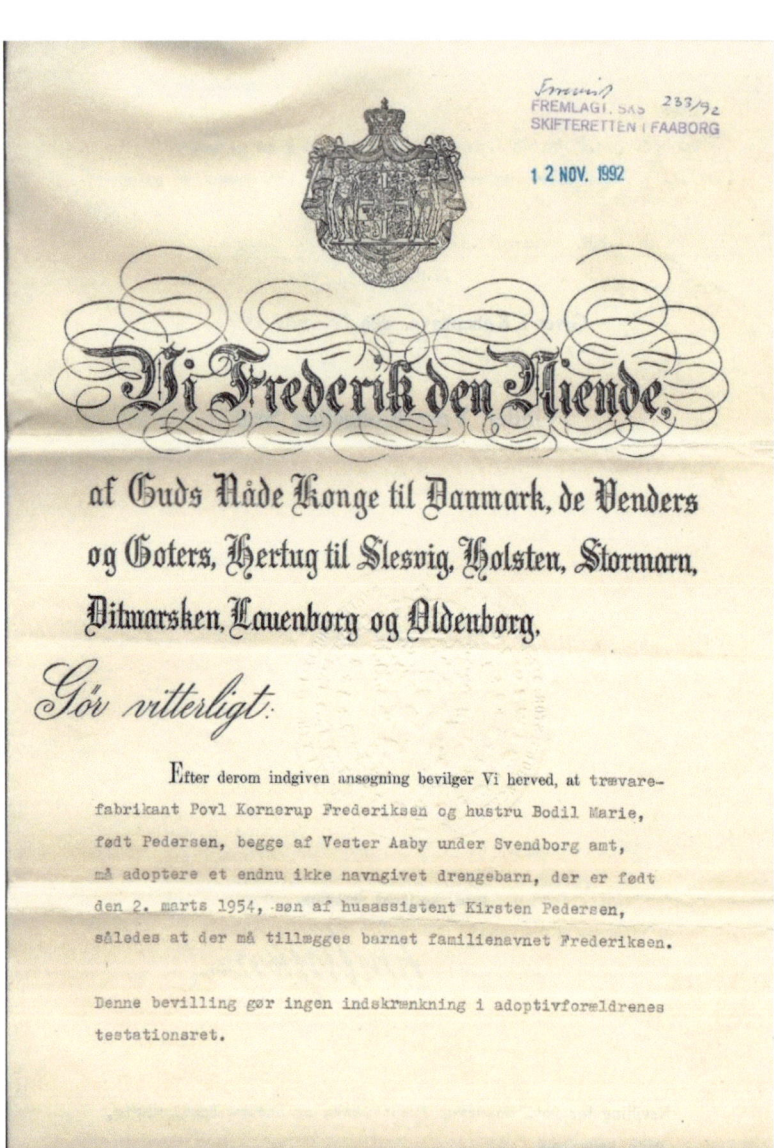

## Vi Frederik den Niende,

af Guds Nåde Konge til Danmark, de Venders og Goters, Hertug til Slesvig, Holsten, Stormarn, Ditmarsken, Lauenborg og Oldenborg.

### Gør vitterligt:

Efter derom indgiven ansøgning bevilger Vi herved, at trævare-
fabrikant Povl Kornerup Frederiksen og hustru Bodil Marie,
født Pedersen, begge af Vester Aaby under Svendborg amt,
må adoptere et endnu ikke navngivet drengebarn, der er født
den 2. marts 1954, søn af husassistent Kirsten Pedersen,
således at der må tillægges barnet familienavnet Frederiksen.

Denne bevilling gør ingen indskrænkning i adoptivforældrenes
testationsret.

1954. Adoptionsbevilling.

NB. Denne afgiftsattest opbevares og medbringes ved anmeldelse til politiet af ejerskifte m. v.

# Toldvæsenets attest

### vedrørende omsætningsafgift af motorkøretøjer.

#### Oplysninger vedrørende motorkøretøjet.

Betegnelse*) Personautomobil - ~~Motorcykle~~ - ~~Personsidevogn~~

Mærke _Opel_ _____ model _Oly Oulbord P._

Motor { Cylinderantal _4_

nr. _1,5 000 7400_

*) Chassis / Stel   nr. _110. 614. 701_    Samtlige bogstaver og tal anføres.

Karosseri _4_ personers _2 dørs sedan_ (Typebetegnelse)

¹) { ~~Toldkvittering~~ *) dateret _9/10 1957_.
Samlererklæring

Første frembydelse for toldvæsenet _Svendborg_ (Toldsted) _10 / 10 1957_. (Dato)

²) Eventuel årgangsbetegnelse ifølge tidligere afgiftsattest _____

Særlige bemærkninger: _____

_____

Fotoviat som gældende for
Motor _____ 7385
Svendborg Politi _10/10-57_
motorkontoret.

Ovennævnte køretøj er afgiftsberigtiget med fuld afgift i henhold til loven om omsætnings-
afgift af motorkøretøjer, og der er herefter fra toldvæsenets side intet til hinder for køretøjets
indregistrering eller omregistrering.

(stempel: Toldstempel og dato 10 OKT. 1957)    _J. E. Larsen_

(Underskrifter)

*) Hvad der ikke gælder, udstreges.
¹) Udfyldes for køretøjer med første frembydelse fra og med 1. juli 1956. } Oplysningerne overføres
²) Udfyldes for køretøjer, frembudt før 1. juli 1956. } til køretøjets eventuelle senere afgiftsattester.

K 17 (50.000 3 57)                                                        020637

Registreringsattest på deres første bil en Opel P1. 1957.

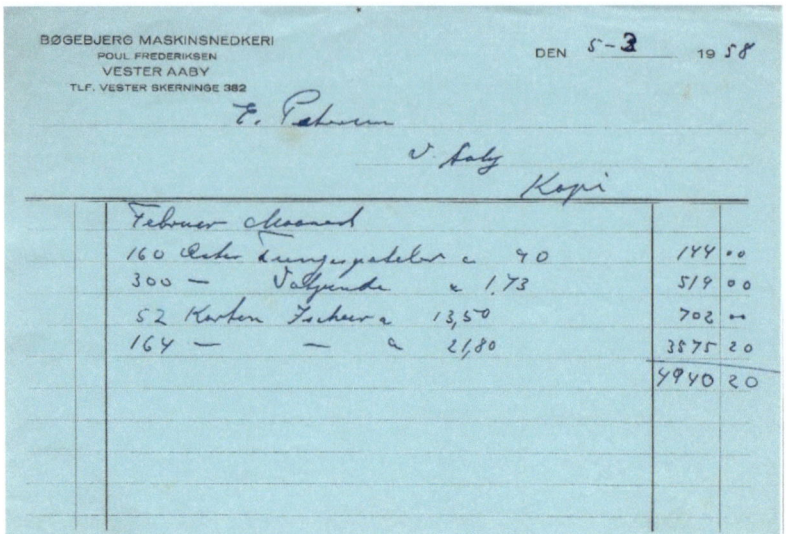

1958. Første regning til Vester Aaby Trævarefabrik v/ E. Petersen, hvor de små skeer er nævnt. Priserne er pr. karton, senere blev det afregnet som priser pr. 1000 stk.

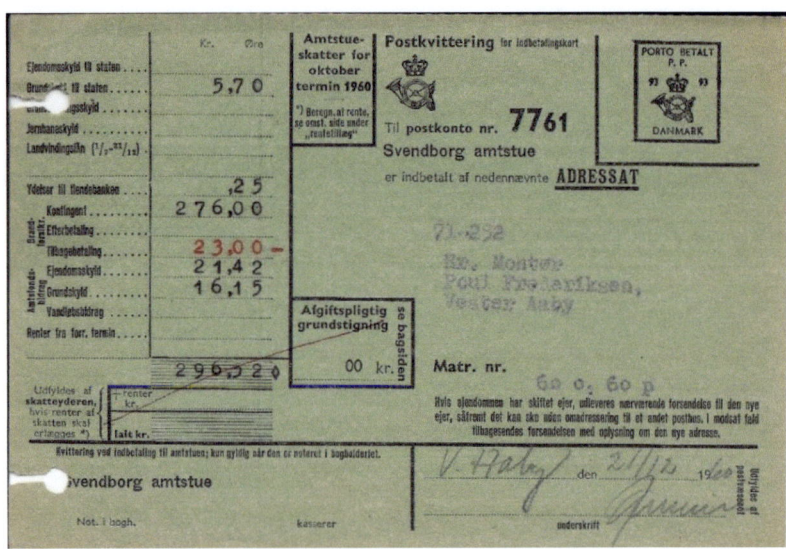

Amtsskat til Svendborg Amt 1960.

Balance pr. 31. august 1959.

| | | |
|---|---:|---:|
| Varesalg | | 89.9oo,15 |
| Renter | | 7,46 |
| Kassedifferencer | 14,8o | |
| Varekøb | 42.299,4o | |
| Omkostninger | 8.189,5o | |
| Reparation og vedligeholdelse | 5.74o,75 | |
| Lønninger | 18.245,53 | |
| Personlig skat | 2.9o5,38 | |
| Diverse | 266,oo | |
| | 77.661,36 | 89.9o7,61 |
| Kassekonto | 841,o2 | |
| Bank og sparekasse | 4.413,94 | |
| Ejendommen | 27.ooo,oo | |
| Automobil | 14.8oo,oo | |
| Maskiner og inventar | 4.8oo,oo | |
| Værdipapirer | 173,oo | |
| Prioritetsgæld | | 7.o63,93 |
| Kassekredit, Fåborg Spare- og Lånekasse | | o,oo |
| Lånekonto | | 8oo,oo |
| Privatkonto | 4.929,22 | |
| Kapitalkonto | | 36.847,oo |
| | 134.618,54 | 134.618,54 |

Første revisoropstillede regnskab fra 1959.

Ud fra ovenstående regnskab må der have været 2 medarbejdere der hver tjente cirka 9.000 kr. og mine forældre tjente differencen på indtægt og udgift eller i alt godt 12.000 kr. tilsammen.

*Byggeri 1960*

| | | |
|---|---|---|
| Murermester Brandeholm | 44 844 | 92 |
| Installatør Madsen | 9 945 | 86 |
| Smeden E. Hansen | 12 668 | 65 |
| H.O. Jensen Malermester | 523 | 00 |
| Tømmerhandel Faaborg | 7429 | 98 |
| Carl Rasmussen Faaborg Graverarbejde | 1280 | 00 |
| H F Hansen Jernbjælken | 2533 | 10 |
| Handskerup Savværk Tømmer | 1481 | 81 |
| Glarmester Aksel Rasmussen Svendborg | 525 | 00 |
| Snedker Rasmussen Pejrup | 1280 | 00 |
| Sydfyns Maskinsnedkeri Graverarbejde | 2170 | 00 |
| Jernvinduer og oplægning af Jernbjælke | 1800 | 00 |
| *Byggeri* | 8648 | 32 |
| Dampkedel | 6900 | 00 |
| 1 Skralle maskine | 1100 | 00 |
| 4 Tørreanlæg | 3200 | 00 |
| Diverse Maskiner | 5000 | 00 |
| Eget arbejde | 12000 | 00 |
| | 124,682 | 32 |

Opgørelse over byggeomkostninger 1960.

MATR. NR. 60-r Vester Aaby by og sogn.     AKT: SKAB _0_ NR. _195_

KØBERS BOPÆL: Vester Aaby

3424
2 2 JULI 1961

ANMELDER:

JENS PERREGAARD
LANDSRETSSAGFØRER
FAABORG

E n d e l i g t     S k ø d e
-----------------------------------

Undertegnede Gaardejer Rasmus P. Bøgner, Vester Aaby,
sælger, skøder og endeligt overdrager herved til
Fabrikant Poul Frederiksen, Vester Aaby,
den mig tilhørende parcel matr. nr. 60-r Vester Aaby by og sogn
af hartkorn 1¼ alb. og af areal ifølge kortet 617 m$^2$, idet handelen
iøvrigt er indgået på følgende nærmere vilkår:

1.

Parcellen overdrages køberen i den stand, hvori den er og
forefindes, og således som af køberen bekendt med alt rette tillig-
gende og tilhørende, og idet parcellen iøvrigt overdrages køberen
med de samme rettigheder, byrder og forpligtelser, hvormed den hid-
til har tilhørt sælgeren og tidligere ejere, idet der med hensyn til
servitutter og lignende byrder bemærkes, at der ingen servitutter er
tinglyst på ejendommen.

2.

Overtagelsen har fundet sted, og parcellen henligger for
køberens regning i enhver henseende.
Der finder ingen refusion sted, idet køberen betaler alle
udgifter på parcellen.

3.

Sælgeren erklærer på tro og love, at der ikke på den herved
solgte parcel findes skov eller fredskovspligtigt areal.

Skøde på jordkøb 1961.

101

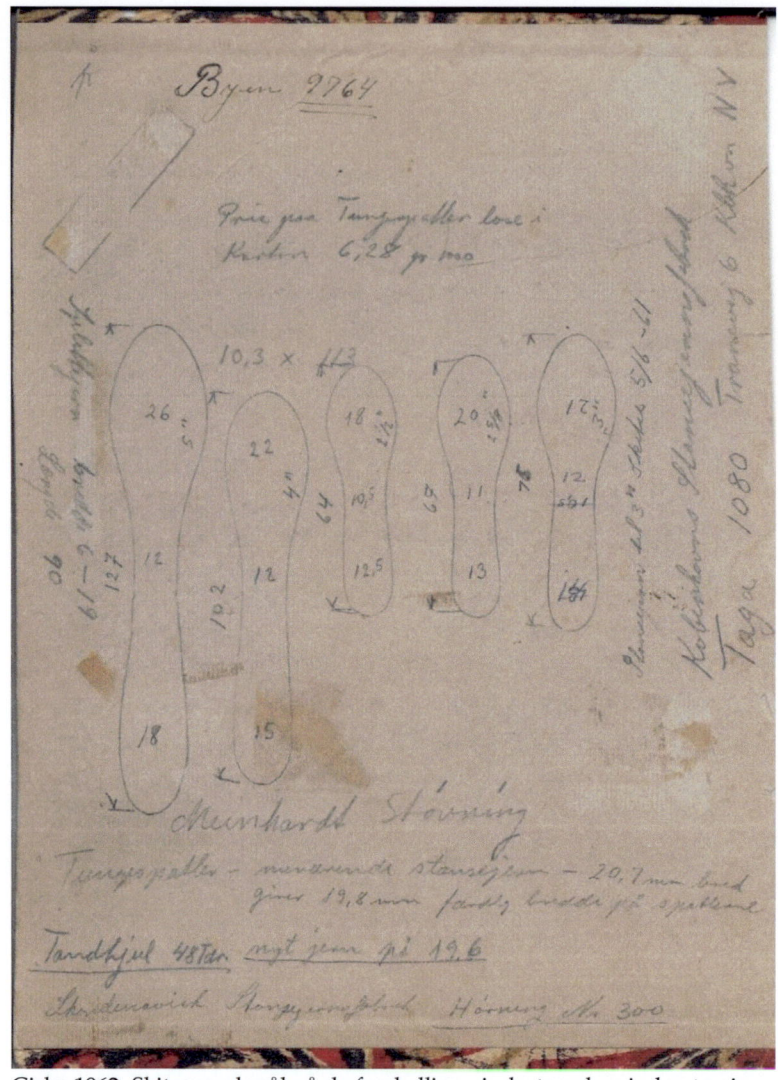

Cirka 1962. Skitse med mål på de forskellige pindestørrelser inden tørring.
(Pindestørrelse = stansejern i hul indvendig.)

# SYLVADAN ⅜

Sankt Annæ Plads 3  
København K

Telefon Minerva 1895  
∮ Sylvadan - Telex 5626

Bøgebjerg Maskinsnedkeri  
Vester Aby  
Sydfyn

ORDRE nr. 8999
_____

Dato: 4. maj 1965

Under henvisning til omstående almindelige købsbetingelser afgives ordre på:

**Varebeskrivelse og specifikation:**

3" Iscremeskeer  
-----------------  
1.000.000 stk. a kr. 1,75 pr. 1.000 stk.

5" Iscremeskeer.  
-----------------  
250.000 stk. a kr. 3,85 pr. 1.000 stk.

Sædvanlige kvalitetskrav.

Vort reg. nr. 31-o2o2.  
----------------------

**Pris:** Som ovenfor nævnt, frit leveret Odense, incl. emballage.

**Levering:** Den 12. ds. til m.s. "Aaro", D.F.D.S.

**Betaling:** Sædvanlige betingelser.

**Emballage:**

**Mærkning:** KT/MA, Hull, kvantum og størrelse.

| KØBER: | SÆLGER: |
|---|---|
| **SYLVADAN ⅜** | |

Som ordrebekræftelse beder vi dem returnere den grønne kopi i underskrevet stand senest 3 dage efter modtagelsen.

1965. Eksempel på ordre fra Sylvadan a/s. (Junckers handelsselskab)

~~~//5 637.68~~~
~~~737~~~

Advokaterne Gustav Larsen og J.J. Lorentzen

$\mathcal{J}_b$ $\mathcal{Y}$

Anmelder:

**GUSTAV LARSEN J. J. LORENTZEN**
**ADVOKATER**
**ODENSE**

Matr. nr. 23 e, 24 a og 31 f
Hundstrup by og sogn.-

5225

18 SEP. 1968

F O G E D U D L Æ G S S K Ø D E.

År 1968 den 17. maj afholdt fogedretten i Fåborg 2. og sidste
auktion over ejendommen matr. nr. 23e 24a og 31f af Hundstrup by
og sogn tilhørende fru Ebba Marie Hansens konkursbo. Højestbyden-
de blev fabrikant Poul Frederiksen, Vester Åby, som havde fået trans-
port på den rangførste del af 4. prioriteten, Svendborg Banks pan-
tefordring. Højestbydende bød 248.000 kr.hvorefter auktionen stand-
sedes for at ejendommen kunne udlægges den bydende som ufyldestgjort
panthaver. Da det for fogedretten er godtgjort at højestbydende er
berettiget til at få fogedudlægsskøde, udlægges ejendommen med byg-
ninger og tilbehør, således som ejendommen med tilbehør er og fore-
findes og iøvrigt i henhold til de for tvangsauktionen gældende
vilkår. Det bemærkes, at udlægget omfatter det under eksekutions-
forretningen efter begæring af 1. prioritetshaveren, Fyens Stifts
Kreditforening, den 31. januar 1968, registrerede tilbehør samt
                                      som behandlende boet,
det af skifteretten i Fåborg,/den 12. februar 1968 yderligere re-
gistrerede driftsinventar og driftsmateriel - herunder maskiner og
tekniske anlæg - til den i ejendommen indrettede savværksvirksomhed.
    Ejendommen udlægges herefter uden ansvar for fogedretten eller
fogeden personlig til eje for fabrikant Poul Frederiksen, Vester Åby.
    Ejendommen er skyldsat for ialt 1 td., 2 skp, 2 fdk. og o alb.
og ifølge vurdering pr. 1. august 1965 af matr. nr. 23e vurderet

1968. Skøde på Hundstrup Savværk

DET DANSKE HEDESELSKABS
GRUNDFORBEDRINGSVIRKSOMHED

Mose- og engafdelingens VI. distrikt

Kontoret i Svendborg
Filialbestyreren

SVENDBORG, den
Klosterplads 8
Telf. 21 23 04
Privat telf. 21 23 25

Herr fabrikant Poul K. Frederiksen,
Bøgebjerg maskinsnedkeri,
5764 V. Åby.

Hermed fremsendes resultatet af den foretagne afsætning af rør-
ledningen gennem savværket i Hundstrup.
Ledningen kan ikke blive helt lige, da det er nødvendigt at
lægge den ny ledning vest for den gamle ledning, men ledningen kan
altid stedfæstes, når der foreligger et kort.
Under arbejdets udførelse kan vi foretage en indmåling af til-
løbene, så disse bliver indtegnet på kortet.
Udgifterne ved arbejdets gennemførelse anslås til følgende:

### Overslag (hele kr.):

Materialekonto:

| | | | | | |
|---|---|---|---|---|---|
| 128 lbm. | 30cm mufferør | a | 12,04 | = | 1541,- |
| 98 - | 30 - landbrugsr. | a | 8,80 | = | 862,- |
| 5 stk. | 100cm brøndrør | a | 23,87 | = | 119,- |
| 2 - | 100 - kegler | a | 19,94 | = | 40,- |
| 2 - | 60 - dæksler | a | 15,95 | = | 32,- |
| 75 - | brøndsten | a | 0,80 | = | 60,- |
| Pakgarn | | ca. | | = | 160,- kr. 2.814,- |

Arbejdskonto: Gravning, rørlægning og tildækn. af:

| | | | | | |
|---|---|---|---|---|---|
| 98 lbm. | 30cm ledning | a | 7,- | = | 686,- |
| 128 - | 30 - | -"- | a | 11,- | = | 1408,- |
| Anbringelse af 2 brønde | a | 100,- | | = | 200,- " 2.294,- |

ialt   kr. 5.108,-,

hvortil kommer udgift til tilslutning af bestående ledninger.

Til ovennævnte priser skal lægges 12,5 % Moms.

Når arbejdet ønskes gennemført, kan vi tale sammen i telefonen,
men vi sender arbejdspapirerne direkte til den entreprenør, som
skal udføre arbejdet.

Der vedlægges det lånte kort med Tak for lånet.

Svendborg, den 14/6 1968.

D-2-67          Bliv medlem af Det danske Hedeselskab, — 10 kr. årlig eller 200 kr. en gang for alle

1968. Drænledning gennem Hundstrup Savværk.

*Borgmester Alf Toftager, Fåborg, lykønsker efter standerhejsningen formanden fabrikant Poul Frederiksen, Vester Åby.*

## Standerhejsning i Fjellebroens Sejlklub

Fjellebroens Sejlklub holdt i weekenden standerhejsning og havnefest på Fjellebroen havn.

Efter at formanden fabrikant Poul Frederiksen, Vester Åby havde budt velkommen, talte borgmester Alf Toftager, Fåborg, som sagde, at den tid nu er kommet, da sejlklubben er vågnet efter vinterens dvale. Det er jo gerne sådan, at de hvide sejl springer ud samtidig med bøgen. Borgmester Toftager udtrykte sin glæde over at folk på dette historiske sted, hvor der før i tiden havde været en livlig aktivitet, med indladning og afskibning af korn og foderstoffer, har været folk, der har forstået at udnytte den smukt beliggende havn, til rekreative formål, i stedet for at lade den sygne hen. Han udtrykte håbet om, at denne sejlklub, der nu har ca. seks år på bagen og i dette tidsrum har fået så mange medlemmer, på dette smukke sted, må få lov til at udvikle sig til gavn og glæde for de mange sejlsportsinteresserede.

Nu hejser vi standeren og Dannebrog, idet jeg udtrykker ønsket om en god sæson for Fjellebroen Sejlklub. Borgmesteren motiverede et trefoldigt hurra, hvorefter et af klubbens medlemmer Henry Brændholm hejste flaget og standeren på den høje mast ved havnen.

skov

Standerhejsning på Fjellebroen Havn
Artikel fra Fyns Amts Avis, 1972.

KARL OTTO KNAUF GMBH + CO KG

FABRIK FÜR EISKREMSTIELE UND HOLZMUNDSPATEL
SPEZIALMASCHINENBAU · DIGITALELEKTRONIK

Boegebjerg Maskinsnedkeri
Poul Frederiksen
Vester Aaby

DK-5600 Faaborg

DÄNEMARK

2406 STOCKELSDORF BEI LÜBECK, INDUSTRIEGEBIET,
ALBERT-EINSTEIN-STRASSE 4
TELEFON: LÜBECK 04 51/49 20 15
TELEX: 26 275 knauf d

TELEGRAMME: KNAUF LÜBECK
EXPRESSGUT: LÜBECK HBF.
STÜCKGUT: LÜBECK HBF. 2406

| IHR ZEICHEN | IHRE NACHRICHT VOM | UNSER SACHBEARBEITER K.O.Knauf | DATUM 1.6.1977 |

Sehr geehrter Herr Frederiksen !

Wir möchten wieder 10 Millionen Löffel bei Ihnen bestellen. Leider können wir
die kleine Löffelform noch nicht gut verarbeiten. Zunächst müssen wir also bei
der 8-Form bleiben. Herr Mikkelsen wird Ihnen diesen Auftrag schon durchgege-
ben haben.

Als wir uns das letzte Mal in Dänemark gesehen haben, haben Sie den Wunsch
geäußert, sich unsere Fabrik einmal anzusehen. Unsere Einladung besteht nach
wie vor. Sie sind hier jederzeit willkommen.

Mit freundlichem Gruß
KARL OTTO KNAUF

KONTEN:
LANDESBANK LÜBECK (BLZ 230 500 00) KTO. NR. 6750 ·
MANFRA BANK LÜBECK (BLZ 230 302 00) KTO. NR. 48 402 ·
POSTSCHECKKONTO HAMBURG NR. 12 1808-204

1977. Ordre fra KNAUF i Tyskland.
(Vester Aaby Trævarefabriks efterfølgere.)

Stempelafgiften 341,- kr.
er godtgjort.

FYNS STIFTAMT, den 15. APR. 1980

**A. LAURSEN**
Advokat
Østergade 14 ^ Telf. (09) 61 04 65
5600 Faaborg

STEMPELMÆRKE

Faaborg
KUN GYLDIGT MED AFSTEMPLING AF
DOMMERKONTORETS KASSEKONTROLAPPARAT
K 281411

Aktieselskabs-

3 DEC. 1979

registeret

S T I F T E L S E S D O K U M E N T
=============================================

Underskrevne Poul Kornerup Frederiksen, Bøgebjergvej 39, V.Åby,
5600 Faaborg, har d.d. stiftet et anpartsselskab på grundlag af
nedenstående vedtægter.

Selskabets indskudskapital er kr. 60.000,- fordelt i anparter a
kr. 1.000,- og multipla heraf.

Størstebeløbet af de med stiftelsen forbundne omkostninger, som af-
holdes af selskabet, vil ikke overstige 5% af indskudskapitalen.

I forbindelse med stiftelsen, skal selskabet pr. 1/7.1979 overtage
den af stifteren, Poul Kornerup Frederiksen, hidtil drevne virksom-
hed beliggende Filippavej 94, 5762 V.Skerninge, på grundlag af føl-
gende status:

AKTIVER:
=========

| | | |
|---|---|---:|
| Kassebeholdning | kr. | 73o,51 |
| Girobeholdning | - | 987,44 |
| Bankbeholdning: Svendborg Bank 427344-o | - | 13.955,53 |
| Debitorer | - | 17o.022,12 |
| Varelager iflg. opgørelse | - | 528.4oo,oo |
| Omsætningsformue ialt | kr. | 714.o95,6o |
| | | |
| Maskiner, inventar og varevogn - købspris | kr. | 176.000,00 |
| Good-will - købspris | - | 60.000,00 |
| Værdipapirer: Dansk Løvtræsflis ApS. | - | 5.000,00 |
| Anlægsformue ialt | kr. | 241.000,00 |
| | | |
| AKTIVER IALT | kr. | 955.o95,6o |
| | | ============== |

1979. Stiftelse af Hundstrup Savværk ApS. (led i generationsskifte)
Selskabet var et driftsselskab og ejede ikke bygninger og jord.

Matr. nr.
Delareal nr. 2 af
matr. nr. 60c V. Aaby
By, V. Aaby

Købers bopæl:
Bogebjergvej 39

Gade og hus nr.:

Anmelder:
Advokat Susanne Rasmussen
Østergade 14 A
5600 Faaborg
Tlf. 62 61 04 65
j.nr. 20038

STEMPELMÆRKE
RETTEN I
FAABORG

H 692187

09.02.94  14:42
0003100.00
173566 SM 01

ENDELIGT SKØDE

Undertegnede Niels Henning Bøgner, skøder og endeligt overdrager
herved til

Bodil Marie Frederiksen
Bogebjergvej 39
V. Aaby
5600 Faaborg

det i vedhæftede landinspektørrids af december 1993 som delareal nr.
2 af **matr. nr. 60 c V. Aaby By, V. Aaby** betegnede areal, målt til
2.000 m2.

Arealet overdrages som det er og forefindes med den **23. december
1993** som overtagelsesdag og skæringsdag for sædvanlig refusionsop-
gørelse mellem parterne.

**Købesummen** er aftalt til kr. 200.000,-, som køber har betalt direkte
til sælger.

Erhvervelsen sker med henblik på arealets overførsel til købers ejen-
dom, matr. nr. 60 o V. Aaby By, V. Aaby.

Med hensyn til servitutter henvises til ejendommens blad i tingbogen
og landinspektørens medfølgende servituterklæring.

30.MAR U 1994 / 01897

Skøde på køb af jord december 1993.

Ved **Bøgebjerg Maskinsnedkeri's** 50 års jubilæum
9. september 1994.


Mel.: "Nyboders pris..."


Femti år for **Bøgebjerg** er gået
- Poul og jeg vi nå'de "guldets år"!
Sammen om vor gerning har vi stået,
bygged' huse som jo stadig står!
Vi var **unge** - og vi var så **glade!**
da vi sammen drog til **Bøgebjerg!**
Efter et par år kom Poul og sagde:
"Bodil tror du vore "vinger" bær'...?"

Træ vi mangled' ja, og også penge..!
Lange dage for os hastigt gle'...
Småting, rammer, fine høvlebænke,
tungespatler - og den bette ske!
Poul han opfandt selv enhver maskine
- og de står endnu på samme sted.
Haugaard hjalp. Ja, sammen var de fine,
lange dage de to sammen sled...!

Stadigvæk i **Bøgebjerg** man slider
- **alle** hænger i, man bliver træt!
Men når kaffen roligt nedad glider
alting ordnes lige på "et bræt"..
**Tak** for daglig hjælp til alle "mænner"
- tak til jer når I ta'r ekstra tag!
**Tak** til pigerne - som også brænder
- for den sag vi **fester** for i dag!

**Tak Johannes** - du mig meget støtter!
- dygtig! flittig! som du altid er
Og **du** siger byggeriet nytter...
- vi kan huse meget, meget mer'...(?)
**Lili tak!** - ja, **alle mine kære**..!
Altid kan jeg finde hjælp hos jer!
Molly passes - ja, og hus med mere
- når jeg rejser ud og ferier'...

**Kære gæster** vi er meget glade,
at I kom til gilde her i dag!
- Smag nu, hvad der er på alle fade!
og sig "SKÅL!" - det er vel ingen sag..?
**Jubilæum** - ja, og **rejsegilde!**
for vor lille **pindevirksomhed**..!
Fejres skal med **glade gæster milde!**
**Spis og drik** - og **dans! - med LYSTIGHED!!**


Bodil.

Jubilæumssang skrevet af mor.

110

Phone: +45 42 18 96 00
Telefax: +45 42 18 95 00
Telex: 35126 stormax dk
Granlyet 9, Vassingerød
DK-3540 Lynge, Denmark
AS-reg.no. 104-162
VAT NO. DK 67 44 42 13

BØGEBJERG MASKINSNEDKERI
BØGEBJERGVEJ 39
VESTER AABY
5600 FÅBORG

ATT.: HR. JOHANNES FREDERIKSEN

**INVOICE**
**FAKTURA**

Date: 18.04.1997

PROFORMAFAKTURA

No.: 161704

| Your Order No. | Order Date | Shipped for your account and risk by |
|---|---|---|
| | | MED BIL PER DERES INSTRUKTION - LEVERINGSTID 15 JULI 1997 VED ORDRE SENEST DEN 30.04.1997. |

| Our Contract No. | Terms of Payment |
|---|---|
| | 50% FORUDBETALING VED ORDRE 50% VED LEVERING FRA VOR FABRIK I LYNGE. GENNEM BG BANK - INSTRUKTION FØLGER. |

| Article No. | Description | Quantity | Unit Price | Total Price |
|---|---|---|---|---|
| | FØDER TYPE FC2 FOR 94MM MAGNUM PINDE 83 & 72MM MAGNUM ELLER SKEER | 1 | 188.200,- | 188.200,00 |
| | SORTER TYPE OS4 - 3 KAMERAER FOR MAGNUM ELLER SKEER 94-83-72MM | 1 | 688.600,- | 688.600,00 |
| | BULKPAKKER FOR 94-83-72MM PINDE FRA SORTER TYPE OS4 | 1 | 131.000,- | 131.000,00 |
| | ./. SPECIAL RABAT IFLG. AFTALE | | | - 67.800,00 |
| | TOTAL BELØB AB FABRIK EXCL. EMBALLAGE. | | | |
| | INDEHOLDENDE I TOTAL BELØB ER 1 UGES INSTALLATION (37 TIMER) | | | |
| | DENNE PROFORMA ER GÆLDENDE TIL 30.04.1997. | | | |
| | STORMAX INTERNATIONAL A/S LYNGE 18.04.97/LYKKE MANHART | | | |

| Marks and Nos. | | | |
|---|---|---|---|
| | Fakturabeløb excl. MOMS Invoice Amount excl. Value Added Tax | DKK. | 940.000,00 |
| | MOMS Value Added Tax (Denmark only) | 25% | 235.000,00 |
| | Fakturabeløb incl. MOMS Invoice Amount incl. Added Value Tax | DKK. | 1.175.000,00 |

1997. Faktura på den første komplette kamera-baserede sortere linie.

Aktieselskabet Bøgebjerg
Bøgebjergvej 39, Vester Aaby · DK-5600 Faaborg · Danmark
Tlf. +45 62 61 63 82 · Fax +45 62 61 63 80
Giro 430-3466 · A/S Reg.nr. 199.228 · SE-nr. 15 18 13 46

**Til alle vore forretningsforbindelser.**

Rigtig GODT NYTÅR.

Vi ønsker med denne skrivelse at orientere om forskellige ændringer omkring vore firmaer.

Bodil Frederiksen har efter et langt arbejdsliv i Bøgebjerg Maskinsnedkeri's ledelse ønsket at blive aflastet for det formelle ansvar og vil her gerne benytte lejligheden til hjerteligt at takke alle for godt samarbejde gennem de mange år. Bodil Frederiksen vil dog fortsat tage del i bestyrelsesarbejdet og vil stadig være at finde blandt os på Bøgebjervej 39.

Johannes Frederiksen har i efteråret 1997 overtaget resten af aktiekapitalen i Bøgebjerg Maskinsnedkeri a/s., og er herefter indtrådt som administrerende Direktør.

Bøgebjerg Maskinsnedkeri a/s. har taget navneforandring til Aktieselskabet BØGEBJERG , der siden Bodil og Poul Frederiksen i 1944 etablerede sig med maskinsnedkeri , har udviklet sig til en virksomhed der udelukkende beskæftiger sig med at udvikle og producere finerbaserede pinde af bøgetræ til førende isfabrikker i Europa.

Vedrørende Hundstrup Savværk a/s. :
Efter forgæves at have forsøgt at afhænde savværket som et samlet hele er produktionen nu afviklet og såvel maskiner som inventar solgt. Hundstrup Savværk fortsætter som udlejningsvirksomhed, af dets egne bygninger, som et datterselskab under Aktieselskabet BØGEBJERG, hvorfor al fremtidig korrespondance bedes sendt til :      HUNDSTRUP SAVVÆRK A/S.
                                                                            c/o  Aktieselskabet BØGEBJERG
                                                                            Bøgebjergvej 39,Vester Aaby
                                                                            DK 5600 Faaborg.

Med håbet om et fortsat godt samarbejde sender vi jer alle vore allerbedste hilsner.

Bodil Frederiksen

Johannes Frederiksen

---

■  Specialfabrik for fremstilling af finerbaserede pinde til iscremeindustrien
■  Spezialfabrik zur Herstellung von Stielen auf Furnierbasis für die Eiscremeindustrie
■  Special factory for the production of veneer-based sticks for the ice-cream industry

1997/1998. Skrivelse ved lukning af Hundstrup Savværk, samt første ændring af det gamle navn Bøgebjerg Maskinsnedkeri.

Artikel Fyns Amts Avis august 1998,
Alt ved det "gamle"- mor klar med kaffekanden.

Rekvirent: SJ
Reference: VA 1999 03619

## Registerudskrift
(Extract of Register)

(111) : VR 1999 03987  (151) : 29. oktober 1999
(210) : VA 1999 03619  (220) : 6. september 1999

(180) : 29. oktober 2009

(730) : Danstick A/S
Bøgebjergvej 39
5600 Fåborg
Danmark

(740/750) : Bertel Rasmussen & Fialin Advokataktieselskab
Krøyers Stræde 3
5700 Svendborg
Danmark

(540) :

DANSTICK

(511) : Klasse 19: Byggematerialer (ikke af metal), stive rør til bygningsbrug (ikke af metal), asfalt, beg, tjære og bitumen, transportable bygninger (ikke af metal), monumenter (ikke af metal).

Klasse 20: Møbler, spejle, billedrammer; varer (ikke indeholdt i andre klasser) af træ, henunder prde til spånde, kork, rør, spanskrør, kurvefletning, horn, ben, elfenben, fiskeben, skildpadde, rav, perlemor og merskum samt erstatningsstoffer for disse materialer eller af plastic.

Klasse 40: Forarbejdning og behandling af materialer og genstande.

(591) : Mærket er udført i farver

Udskrift slut
(End of Extract)

---

# Kongeriget Danmark

VR 1999 03987

. . . . .

Ovennævnte varemærke er registreret i det danske varemærkeregister.

Registreringens omfang fremgår af vedhæftede registerudskrift. Registreringen gælder i 10 år fra registreringsdatoen.

The above-mentioned trade mark is registered in the Danish Register of Trade Marks.

The extent of the registration appears on the attached extract. The registration is valid for 10 years from the date of registration.

11. november 1999

Patent- og
Varemærkestyrelsen
Erhvervsministeriet

Mogens Kring
Direktør

1999. Varemærkeregistrering (nyt navn) DansticK.

114

Trine Nystrup er så småt begyndt at bearbejde kontakter i andre lande, og hun udnytter bl.a. de samarbejdspartnere, Danstick har rundt om i EU.

### Klemt

På andet år ser det ud til, at årsregnskabet slutter med et underskud, og den hårde konkurrence på markedet har gjort det nødvendigt for Johannes Frederiksen at halvere medarbejderstaben, så de i dag kun er seks ansatte i Vester Aaby.

- Nu satser vi på nicher, hvor det er en fordel, at vi er et lille firma, der hurtigt kan omstille produktionen, forklarer Johannes Frederiksen.

- Det kan ikke passe, at alle de manuelle arbejdspladser skal flyttes til Østeuropa, for at det kan hænge sammen. Vi skal ikke sende godt bøgetræ ubehandlet ud af landet, for ikke alle her i landet kan jo sidde med computere og bøger. Der er brug for den her slags arbejdspladser.

Johannes rykker frem i stolen og stemmen er stærk og intens, når han taler om sin virksomheds overlevelse.

- Jeg vil ikke sige, hvor mange millioner, vi har i reserve, men jeg kan forsikre, at Danstick godt kan holde til de her år med underskud. I øvrigt tror jeg, det vender næste år, siger han.

# Lille firma vil sælge sig ud af krise i hele Europa

**Danstick har ansat eksportsælger og satser på at vende underskud til overskud næste år**

*Af Lars Rasmussen*
*Foto: Hung Tien Vu*

■ VESTER AABY: Hun kan ikke gøre det alene, men hun får et væsentligt ansvar for at vende udviklingen for den lille ispindefabrik i Vester Aaby. Dansticks direktør, Johannes Frederiksen, har netop budt velkommen til eksportsælger Trine Nystrup, som skal skaffe kunder rundt om i hele Europa. Og hun har allerede godt fat i franskmændene.

Trine sidder med telefon, computer og en fyldt notatblok ved et mørkt træskrivebord i hjørnet af det tætpakkede kontor. Tre skridt fra hende står Johannes' tomme stol mellem en fyldt reol og et skrivebord så stort, at den ene ende kan bruges til mødebord.

Han er ude og kigge på en drilsk maskine.

De to har plads ud mod Bøgebjergvej i den gamle, gulkalkede bygning, mens maskinerne hamrer, hviner og brummer ude i tilbygnin-

gen bag den tykke skydedør i frokoststuen.

På pladsen uden for bygningen ligger et læs træstammer. Kaj Larsen saver dem over og kører dem ind i ovnene, hvor de bliver dampet, så de er klar til at blive skrællet næste dag. Skrælningen kan klares på en formiddag. Så er der nok til at standse en lille million ispinde ud.

Standsemaskinen larmer voldsomt, mens Torben Jensen farer rundt for at få de tynde træstrimler til at glide gnidningsfrit. Egentlig skulle han have høreværn på, men han snyder og og til.

»JEG KAN IKKE LI' AT HA' DEM PÅ«, forklarer han.

De nye ispinde bliver ved at drøne med et transportbånd op i en stor vogn, som Kaj Philip henter for at hælde læsset ned i en af de store tørretumbler i rustfrit stål nede i kælderen.

Når de er slebet og tørret i tumbleren, kommer de op igennem sorteringssystemerne. Fire gange bliver pindene maskinsorteret bl.a. med højtudviklet kerateteknik, inden Morten Frederiksen - Johannes' søn - og Susanne Jørgensen tager en sidste tjek på de færdigstablede pinde, mens de pakker dem til kunderne i udlandet.

Om aftenen overtager Flemming Brandt sorteringsarbejdet.

Hele årsproduktionen på 200 millioner pinde går til eksport. Især til Tyskland og Spanien.

### Kamp mod underskud

Johannes er tilbage på kontoret igen. Hans sorte træsko, hans slidte og snavsede, mørkeblå overalls og den lyseblå skjorte med oprullede ærmer er en klar kontrast til Trines korte, sorte jakke, den lette lilla nederdel og de lange, sorte støvler. Men de har også vidt forskellige opgaver.

- Jeg er mere maskin- og produktionsmand, forklarer Johannes.

- Jeg kan godt klare regnskaber og planlægning, men jeg er ikke så god til det med at sælge. Hidtil har vi solgt gennem gode kolleger i udlandet, men i fremtiden går Trine direkte til kunderne. Og det er hun god til, fastslår han.

De to kender hinanden i forvejen. Trine er nyuddannet eksportsælger, og hendes hovedopgave på eksportskolen i Herning var at undersøge det franske marked for Danstick.

- Under projektet var jeg i ti dage rundt til en halv snes is-

fabrikanter i Frankrig, og nu har jeg genoptaget kontakterne. Et par af dem ser også lovende ud, forklarer Trine.

- Vi giver tilbud på en mængde her i efteråret, og jeg er klart optimist. Ellers var jeg slet ikke gået ind i det her job, siger hun.

![DANSTICK logo]

● Firmaet blev grundlagt i 1944 af Poul og Bodil Frederiksen. Det hed oprindeligt Bøgebjerg Trævarefabrik, og det havde bl.a. succes i starten med blændrammer til billeder.

● Ispindeproduktionen begyndte i 1956, og firmaet har især overlevet på specialformede pinde, i kraft af Poul Frederiksens opfindelser af specialmaskiner samt Bodil og de fem-seks faste hjælperes solide arbejde.

● Sønnen Johannes Frederiksen, der i 20 år drev det nu lukkede Hundstrup Savværk, overtog ledelsen af firmaet i 1994. Hans kone Lili passer regnskaberne i deltidsjob.

● Navneforandringen til Danstick er et led i et internationalt salgsarbejde, som eksportsælger Trine Nystrup netop er ansat til fra 1. november.

● Trine Nystrup stammer fra Midtjylland men bor i dag i Odense. Hun er tidligere rejsesælger ved Larsen Rejser, hvor hun bl.a. sad som økonomisk ansvarlig på flere destinationer. I år er hun færdiguddannet exam. eksportør fra Den danske Eksportskole i Herning.

Artikel Fyns Amts Avis 10.november 1999.

## Ispinde til husbehov

Artikel fra Miljø Horisont Nr. 10 - august 2002 - 40 årgang

FAMILIEVIRKSOMHED. De senere år har man koncentreret sig målrettet om pinde til flødeis, men tidligere har Danstick A/S fremstillet trævarer af mange forskellige slags.

*Af: Morten Egholm Andersen, Horisontnet.dk*

"Jeg ved ikke rigtig, hvem jeg skal tale med", begyndte jeg forsigtigt, da jeg en fredag eftermiddag første gang ringede til Danstick A/S for at høre om muligheden for at skrive en artikel om virksomheden. "Så kan du jo tænke over det til på mandag, for her er alligevel ikke nogen før da", lød det slagfærdige svar. Sådan. Ikke så meget udenomssnak. Kom til sagen og spar os for al væveriet.

Johannes Frederiksen ved maskinen, der forvandler bøgetræerne til det finer, som stanses ud til ispinde.

### 84-årig med slag i

Det viste sig, at det var Bodil Frederiksen, jeg havde talt med. Hun er 84 år og mor til Johannes Frederiksen, der ejer virksomheden i dag. Og i sin tid var hun gift med Johannes Frederiksens nu afdøde far, Poul Frederiksen, og grundlagde sammen med ham virksomheden. Hermed være sagt, at det er en familievirksomhed, vi har med at gøre. En lille en af slagsen, der har været med i såvel opture som nedture inden for isbranchen. "Danmark er jo et gammelt mejeriland, og derfor er det naturligt, at vi har haft mange selvstændige is-producenter og også mange pinde-producenter", fortæller Johannes Frederiksen.

### Alt i trævarer

Danstick A/S blev grundlagt under krigen som et mindre snedkeri. Man fremstillede mange forskellige trævarer lige fra langrendsski til skolemøbler. De første år var blændrammer til malerier et produkt, man fremstillede mange af. Det skete med udgangspunkt i det blomstrende kunstnermiljø på Fåborgkanten, hvor man hører hjemme. Senere blev det medicinske artikler som tungespatler og vatpinde til ørerne, der var i centrum, og derfra var der ikke langt til at producere skeer til bægeris. Det begyndte man på som underleverandør til en af de andre leverandører af pinde til is. Denne virksomhed holdt også til på Sydfyn, og ud af de fem danske pinde-producenter, der fandtes, da der var mest gang i branchen, lå de fire på Fyn.

### Fire ud af fem er luget bort

Senere blev det de såkaldte magnum-pinde, man koncentrerede sig om, og det er fortsat dem, Johannes Frederiksen håber, vil bære virksomheden igennem de hårde tider, der præger branchen netop nu. De andre fire pinde-producenter er lukket i dag. Det kan være fordi, de ikke formåede at forny deres produktionsapparat i takt med, at det var nødvendigt, fordi de har været ramt af brand på uheldige tidspunkter, eller af andre grunde, der kan tilskrives den hårde konkurrence på området.

Artikel i Tidsskriftet Horisont August 2002.

# Den danske ispind er afgået ved døden

**Fyn:** For bare ti år siden røg der flere milliarder af fint formede træpinde til is af sted fra fynske fabrikker.

Men globaliseringen stak en pind i maskinen.

Kineserne stormede ind på markedet og pressede profitten i bund. Så de to fynske ispindeproducenter har måttet dreje nøglen om.

Isproducenterne ønskede ikke at betale ekstra for at få dansk kvalitet. De to fynske fabrikker havde især specialiseret sig i de såkaldte paddel-pinde, der bruges til større is som for eksempel Magnum.

Derfor stikker danskerne nu kinesiske, franske og tjekkiske pinde i munden, når de skal afkøles i sommervarmen.

## Lukket og slukket

Netop nu lægger advokat og tidligere bestyrelsesmedlem i Danstick A/S Bertel Rasmussen sidste hånd på likvidationsregnskabet for Faaborg-virksomheden.

"Alt er lukket og slukket. Der var ikke marked mere for danske ispinde. Det var simpelthen for dyrt," siger Bertel Rasmussen.

Virksomheden var ejet af familien Frederiksen, der har haft fabrikken i generationer.

Danstick var lillebror i det fynske kapløb om ispindene.

"Vi var underleverandører til en tysk fabrik i Lübeck og levede fint på det," fortæller Svendborg-advokaten.

Selv om fabrikken var lille, havde den kapacitet til mere end 200 millioner ispinde om året.

Men den tiltagende konkurrence omkring årtusindskiftet pressede fynske Norwood A/S fra Hesselager til at gå i priskrig med tyskerne.

Sidste artikel om pindefabrikken i Bøgebjerg. 2004.
Udtalelse af vores Bestyrelsesformand Advokat Bertel Rasmussen.

# EN BØGESKOV AF ISPINDE

Danskerne spiser 130 millioner ispinde om året. Derfor er over 50 bøgetræer i vinter blevet fældet for at blive til – netop pinde til dette års mange is.

Af en stor bøgestamme kan der fremstilles to millioner ispinde, hvis man vel at mærke kunne bruge alt fra træet, oplyser Skov- og Naturstyrelsen, som leverer en stor del af det bøgetræ, der bruges.

I virkeligheden går der endnu flere træer til, skriver styrelsens nyhedsbrev, Skov og Natur.

## DET RENE TRÆ

Der stilles nemlig mange krav til en ispind. Den må ikke smage af noget, og den skal være smidig og hård, så den ikke knække. Den skal være ren og fri for tilsætning og knaster. Og bøgetræet har alle disse egenskaber.

Danmarks eneste ispindefabrik, Danstick, ligger på Fyn. Her damper man bøgestammerne, så de bliver elastiske. Derefter skrælles stammen i store, tynde flader, der skæres ud i millioner og atter millioner ispinde.

*ritzau*

Artikel fra nyhedsbureauet Ritzau fra 2002.

Bøgebjerg efter salget til Tømrermester Mogens Green Rasmussen.

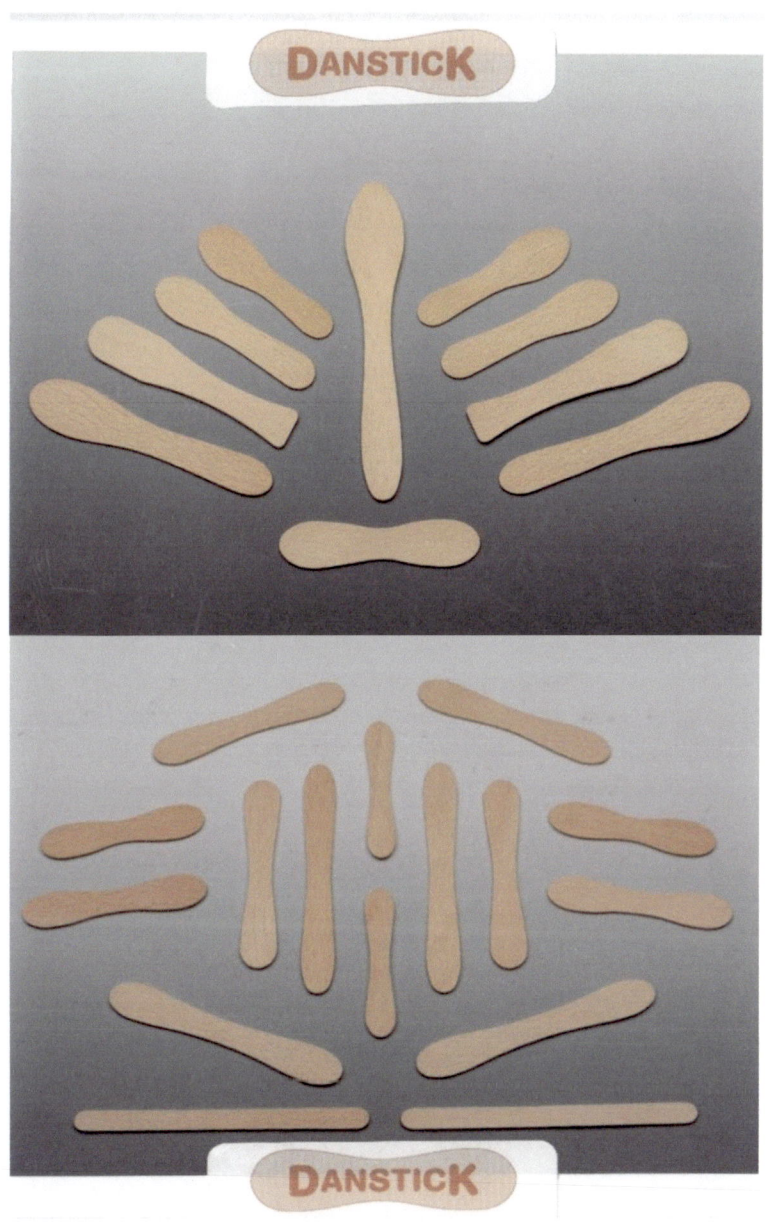

Fotoplancher af Ske- og pinde-produkter gennem tiden.

© 2024 Johannes Kornerup Frederiksen
Forlag: BoD · Books on Demand, Strandvejen 100,
2900 Hellerup, bod@bod.dk
Tryk: Libri Plureos GmbH, Friedensallee 273,
22763 Hamborg, Tyskland
ISBN: 978-87-4306-017-8